화려함과 스타일을 넘어선

깨끗한 찬양

| 박광리 지음 |

생명의말씀사

ⓒ 생명의말씀사 2009

2009년 6월 30일 1판 1쇄 발행
2025년 4월 7일   4쇄 발행

펴낸이 | 김창영
펴낸곳 | 생명의말씀사

등록 | 1962. 1. 10. No.300-1962-1
주소 | 서울시 종로구 경희궁1길 6 (03176)
전화 | 02)738-6555(본사)·02)3159-7979(영업)
팩스 | 02)739-3824(본사)·080-022-8585(영업)

지은이 | 박광리

기획편집 | 박미현
디자인 | 임수경
인쇄 | 영진문원
제본 | 다온바인텍

ISBN 978-89-04-15848-5 (03230)

저작권자의 허락없이 이 책의 일부 또는 전체를
무단 복제, 전재, 발췌하면 저작권법에 의해 처벌을 받습니다.

● 저자 서문 ●

깨끗한 찬양을 쓰며

　내가 처음 찬양 사역을 시작한 것은 1990년 8월이었다. 그때는 찬양 사역자라는 말도 없었다. 그 당시 내가 섬기던 교회는 전통적인 장로교회였는데, 예배 연주에 피아노와 오르간을 제외하고는 기타 정도만 허용되었다. 대학교 3학년이었던 그 때, 나는 하나님을 인격적으로 만나 내 삶이 완전히 변화되는 것을 경험하였고, 그 후로 주일, 수요일, 금요일 등 예배가 있을 때마다 찬양을 인도했다.

　찬양 사역자라면 누구나 느끼는 어려움이겠지만, 나 또한 이 사역을 하면서 많은 갈등을 겪었다. "진정한 찬양"에 대한 이상과 실제 예배 사이의 간격이 좀처럼 좁혀지지 않았다. 이러한 괴리감으로 찬양 사역에 대한 의욕이 상실되기도 하였다. 내 마음 한 쪽에서는 한없이 자유롭게 하나님을 찬양하고자 하는 뜨거운 열망이 있지만, 실제로 예배 속에서 그것을 실현하기는 쉽지 않았다. 하나님만 찬양하는 역할을 하는 것이 아니라, 찬양 인도자로서 회중들을 이끌어 가야 하는 책임이 함께 지워져 있다는 것이 어깨를 더 무겁게 하였다. 그런 의미에서 하나님과 회중 사이에서 "진정한 찬양"이라는 답을 찾는 것이 일평생의 숙제라고 생각하는 것은 과장이 아니다. 나는 "진정한 찬양"에 대한 답을 찾아가는 길목에서 이 책을 쓰며 나 자신을 정리해보고 싶었다. 또한 많은 교회들과 이것을 주제로 이야기 나누고 싶었다.

  이 책을 쓰면서 찬양팀이나 찬양대에 속하거나 찬양 사역과 관련된 사람외에 일반 성도들이 "진정한 찬양"에 대한 고민을 하기 원했다. 나는 교회 안에서 "찬양"이라는 주제로 성도들을 교육하는 것을 거의 보지 못했다. 찬양에 대한 교육은 찬양팀이나 찬양에 관심있는 사람들에게 제한되었다. 말씀이나 큐티, 중보기도나 전도 등에 대한 교육은 활발하게 진행되고 있지만 "찬양"에 대한 교육은 많지 않다. 어쩌면 찬양을 굳이 교육할 필요 없는 가벼운

주제로 여기기 때문인지도 모른다. 악기, 연주자, 싱어 그리고 인도자만 있으면 회중과 함께 분위기에 맞춰서 노래 부르는 것이 찬양이라고 인식한다. 예배 전에 부르는 노래인데 무슨 교육이 필요하냐고 반문할 수 있을 것이다. 하지만 교회에서 부르는 노래를 많이 알고, 그 노래를 자주 흥얼거린다고 해서 찬양하는 것은 아니다. 찬양은 하나님을 얼마나 알고 경험하는가에 비례하는 신앙의 잣대다. "진정한 찬양"을 모르고서 하나님과의 친밀한 관계를 가늠하는 것은 불가능한 일이라고 단언할 수 있기에 성경적인 찬양에 대해 이야기를 나누고 싶었다.

또한 우리의 예배가 "진정한 찬양"에 초점이 맞춰지기 보다는 "찬양 문화"라는 쪽으로 치우치지 않은가에 대한 문제의식에서 이 책이 시작되었다. 어느 교회나 찬양에 지대한 관심을 가지고 있으며, 찬양을 부흥의 요소로 생각한다는 데 이견이 없을 것이다. 교회의 젊은이들이 찬양에 대해 관심을 갖는 것도 매우 고무적인 일이다. 교회음악이나 교회사역을 위해 실용음악을 한다는 젊은이들을 내 주변에서도 심심찮게 볼 수 있다. 하지만 이런 관심들이 찬양을 기독교 문화의 한 부분으로 만들어 가는 것은 아닌지 우려를 감출 수가 없다. 우리가 "진정한 찬양"보다는 음악을 위한 "보조물"들의 사용법에 더 큰 관심이 있는 것은 아닌지 고민하게 되었다. 이러한 환경 속에서 정말 해야 하는 찬양을 잃어버리고 있는 것 같다는 아픔이 있었다. 이 아픔을 함께 나누고 찬양의 본질을 회복하고 싶었다.

그리고 "하나님의 임재를 경험"하는 것과 "좋은 분위기를 만드는 것" 중 어느 쪽이 더 현실적으로 실현하기가 쉬울지 생각해보았다. 당연히 좋은 분위기를 만드는 쪽이 쉬울 것이다. 좋은 음악, 좋은 연주, 좋은 싱어들만 있다면 좋은 분위기는 얼마든지 만들 수 있다. 하지만 하나님의 임재는 우리 인간이 만들 수 있는 영역이 아니다. 주권적인 하나님의 역사다. 그렇기 때문에 우리가 할 수 있는 것 즉, 좋은 분위기를 만들기 위해서 최선을 다하는 오류를 범하기 쉬울 수밖에 없다. 비록 힘들어도, 오랜 시간이 걸려도 우리는 하나님의 임재에 더 강조점을 두어야 한다. 당장에 할 수 있는 일들만 찾다간 결국 정말 중요한 것을 놓치게 될 것이다. 우리의 찬양에서 음악이 사라지면 과연 무엇이 남을까? 찬양은 음악과 다르다고 하면서도 손쉽게 얻을 수 있는 음악의 유혹을 과감히 거부하는 사람이 있을까? 이런 고민들을 함께 나누고자 이 글을 쓰게 되었다.

나는 매트 레드먼의 "마음의 예배"라는 찬양을 좋아한다. 하나님을 기쁘시게 할 가치 있는 것은 음악이 아니라 바로 우리의 마음이며, 결국 찬양은 우리의 마음을 드리는 것이라는 내용이다. 그 찬양의 가사 중에 "주님, 내가 예배를 만들어보려고 애써 온 것을 용서하소서.(I'm sorry, Lord, for the thing I've made it)"라는 가사 앞에서 "진정한 찬양"을 드리지 못하는 나 자신을 한탄하며 눈물 흘릴 때가 많다. 그리고 매번 다짐한다. "좋은 분위기를 만들려는 나의 노력을 내려놓고 하나님의 임재만을 사모하며 예배하는 참된 예배자가 되고 싶다. 음악이 지배하는 찬양이 아니라 하나님의 임재가 지배하는 찬양을 하고 싶다."라고 말이다. 하나님과 나 사이에 어떠한 불순물도 들어가지 않은 "깨끗한 찬양"이 이 땅의 교회 곳곳에서 울려퍼지길 간절한 마음으로 기대한다.

저자 박광리

저자 서문_ 깨끗한 찬양을 쓰며 • 4
시작하는 글_ 하나님을 사랑하는 광대 • 12

1부 앗, 찬양에도 잡음이?

chapter 1 : 연습 없는 찬양은 받지 않으실까? • 20
chapter 2 : 찬양을 막는 방해꾼, 잡음 • 28
chapter 3 : 순도 100%의 찬양을 찾아라 • 35

2부 이런, 은밀하게 들어온 잡음들!

chapter 4 : 비본질의 대표주자 놋뱀 • 46
chapter 5 : 능력으로 가장한 머리카락 • 56
chapter 6 : 포도주를 대신하려는 계획 • 62
chapter 7 : 찬양을 과대포장한 해석 • 67
chapter 8 : 화려하게 보이려는 백향목 • 75

3부 어허, 찬양에서 잡음을 빼라!

chapter 9 : 숨어 있는 잡음을 걸러내라 • 82
chapter 10 : 찬양에 대한 편견을 깨라 • 86
chapter 11 : 인간적인 욕심을 내려놓아라 • 89
chapter 12 : 유리 없는 창문이 되어라 • 94

Contents

셀라, 순도 100% 찬양을 회복하라!

chapter 13 : 하나님은 잡신이 아니다 • 100
chapter 14 : 예배를 만들어 내지 마라 • 110
chapter 15 : 찬양을 억지로 만들지 마라 • 120
chapter 16 : 찬양을 수단으로 만들지 마라 • 131
chapter 17 : 삶으로 찬양하고, 찬양하는 삶을 살아라 • 136

4부

5부

오호, 깨끗한 찬양이 살아남는다!

chapter 18 : 하드웨어 리셋, 소프트웨어 찬양! • 146
chapter 19 : 혼자 찬양하는가, 함께 찬양하는가? • 154
chapter 20 : 유행에 흔들리지 않는 찬양을 찾아라 • 165
chapter 21 : 화려함과 스타일을 넘어 다시 본질로 • 169

부록_ 깨끗한 찬양을 위한 성경공부 • 180

● 시작하는 글 ●
하나님을 사랑하는 광대

찬양, 하나님의 광대가 되는 것

찬양의 히브리 어원 "할랄"에는 "칭찬하다, 자랑하다"와 함께 재미있는 뜻이 숨어 있다. 바로 "바보"라는 뜻인데, 흔히 말하는 '어리석고 멍청한 사람'과 '익살 떠는 광대'라는 두 가지 의미를 가진 말이다.

옛날에는 광대가 왕궁에 살면서 왕을 즐겁게 해야 했다. 광대는 왕을 즐겁게 하기 위해서 불철주야 열심히 실력을 갈고 닦았다. 만일 왕 앞에 불려갔을 때 왕을 기쁘게 하지 못하면 그 광대는 목숨을 내놓아야 했다. 그들은 목숨을 걸고 자신에게 주어진 임무를 위해 최선을 다해야했다.

시간이 흘러 광대는 왕궁을 떠나서 많은 사람들 앞에서 자신의 재주를 보일 수 있게 되었다. 많은 사람들이 즐거워했다. 하지만 꼭 모든 사람을 즐겁게 해줄 필요는 없었다. 즐거워하지 않는 사람들이 몇 명 있더라도 예전처럼 그것 때문에 목숨을 잃지는 않았다. 더 이상 광대는 목숨을 내놓고 연습할 필요가 없었다. 어느 정도의 사람들만 즐거워한다면 그것으로 만족하며 살아갈 수 있었다.

왕궁에 살던 광대는 왕을 기쁘게 하기 위해서 목숨을 걸고 최선을 다하는 삶을 살았다. 하지만 군중 앞에 선 광대는 더 이상 왕의 앞에서처럼 최선을 다할 필요가 없었다. 어떠한가? 영원한 왕 되신 하나님 앞에 선 우리의 삶과 비슷하지 않은가? 난 이 이야기를 찬양하는 나 자신의 모습에 비추어 돌이켜 보았다. 과연 나는 하나님 앞에서 하나님만을 기쁘시게 하는 광대인가 아니면 수많은 사람들 앞에서 재주를 부리는 광대인가? 나는 하나님을 찬양하는 데 목숨을 걸고 있는가 아니면 부담 없이 노래 부르고 있는가?

찬양 인도를 위해 회중 앞에 선 20년 동안 나를 붙든 화두는 바로 이것이었다. 하나님이 원하시는 찬양. 나는 정말 어떤 찬양을 드리고 있는가? 모세가 십계명을 받으러 시내산에 올라갔을 때 이스라엘 백성들은 금송아지를 만들어 놓고 하나님이라고 믿으며 예배했다. 인간이 그렇다. 사람은 '눈에 보이는' 것에 집중하면서 찬양하는 데 익숙하다. 보이지 않는 하나님을 찬양하기란 쉬운 일이 아니다. 보이는 금송아지를 찬양하는 것이 보이지 않는 하나님을 찬양하는 것보다 훨씬 쉽다. 이렇게 본질이란 눈에 보이지 않기에 집중하기 어렵고, 오히려 본질이 아닌 것에 집착하게 된다. 진짜 본질은 너무 작아 보이거나, 혹은 숨겨져 발견하기 쉽지 않다.

우리가 찬양하는 모습은 어떠한가? 혹시 눈에 보이는 것에만 열광하고 있지 않은가? 우리가 항상 회복해야 할 본질, 즉 하나님이 원하시는 성경적인 찬양을 하고 있는가?

성경은 다윗의 모습을 통해 하나님이 원하시는 찬양의 모형을 알려준다. 그는 이스라엘의 왕이었지만 하나님 앞에서만큼은 기꺼이 '광대처럼 되기를' 즐거워했다. 하나님이 참된 왕이심을 잘 알았기 때문이다. 그는 인간이 하나님을 떠나서는 한 순간도 살 수 없는 존재임을 알았다.

> 나를 주 앞에서 쫓아내지 마시며 주의 성령을 내게서 거두지 마소서(시 51:11).

그 마음이 있었기에 바지가 벗겨져도 아랑곳하지 않고 춤을 출 수 있었다. 그는 군중에게 마음을 빼앗긴 왕이 아니었다. 오직 하나님을 찬양하는 자였다. 그러면 오늘날 우리는 어떠한가? 우리의 찬양이 하나님이 흠향하실 제물이 되기 위해서 무엇을 회복해야 하는가?

경배, 하나님을 사랑하는 것

피조물이 창조주에게 드릴 수 있는 가장 가치 있는 행위가 바로 경배(예배)다. 찬양은 하나님을 경배하는 표현이다. 노래로, 연주로, 선포로, 온몸으로 경배 받으셔야 할 하나님을 높여드리는 것이다. 하나님을 경배하는 마음이 없다면 찬양할 수도 없다. 그렇기 때문에 경배의 본질을 발견하는 것이 찬양을 이해하는 데 매우 중요하다.

경배는 '하나님 앞으로 나아감', '무릎을 꿇음', 그리고 '입맞춤'으로 정의된다. 이 의미들을 하나로 합쳐 보면 '하나님 앞에 나아가 무릎 꿇고 입 맞춘다'라는 말이다. '입맞춤'은 하나님께 대한 존경과 경외와 사랑의 표시다. '무릎을 꿇는 것'은 하나님의 거룩하심 앞에 피조물로서 낮아짐을 의미한다.

마태복음 4장에는 성령에 이끌려 사단에게 시험받는 예수님이 등장한다. 이때 사단이 예수님께 아주 재미있는 표현을 하는데, 4장

9절에 "나에게 경배하면"이라고 말한다. 도대체 사탄을 어떻게 경배하라는 말일까? 사탄에게 나아가 무릎을 꿇고 입을 맞추라는 뜻인가? 예수님이나 우리가 사탄에게 다가가서 무릎을 꿇고 사탄의 손에 입을 맞추면 사탄이 기뻐할까?

우리는 여기에서 경배의 본질을 찾아볼 수가 있다. 경배는 그 단어의 의미처럼 다가가서 무릎을 꿇고 입을 맞추는 행위만으론 부족하다. 참된 경배는 행위와 더불어 그 단어 하나하나가 가진 의미를 부여할 때만이 가능해진다. 진심으로 하나님과 가까이 하고 싶어야 한다. 진심으로 하나님 앞에 피조물로서 겸손해야 한다. 진심으로 사랑하기에 입을 맞추어야 한다.

그런데 사탄이 원하는 경배는 하나님을 향한 경배와는 다르다는 점이 흥미롭다. 사탄이 받고 싶은 게 무엇이었을까? 과연 사탄이 예수님께 '사랑받기'를 원했을까? 사탄이 우리에게 원한 것이 마음 깊은 곳에서 우러나오는 '진심'이었을까? 사탄은 그저 우리가 자신에게 질질 끌려오도록 우리를 짓밟고 싶을 뿐이다. 다가와서 무릎만 꿇으라는 것이다. 그러면 사탄은 우리를 옴짝달싹하지 못하게 포박하고 싶은 것이다. 그것이 사탄이 원하는 경배다.

무릎 꿇고 입 맞추는 행위만 보면 하나님을 경배하는 것이나 사단을 경배하는 것이 외형적으로는 똑같아 보일 수 있다. 하지만 이 두 가지의 경배는 엄청난 차이를 지닌다. 그 차이에 바로 경배의 본질이 있다. 하나님을 경배한다는 말은 곧 하나님을 진심으로 사랑한다는 의미다.

우리의 찬양도 마찬가지다. 하나님이 원하시는 찬양은 노래하고 연주하고, 소리치고, 온몸으로 춤추는 외형적인 찬양이 아니다. 그 안에 노래하는 이유와 연주하는 이유와 소리치고 춤추는 이유가 하나님을 사랑하기 때문이라는 고백이 담기길 원하신다. 이것이 본질이다. 하지만 우리는 찬양의 이유가 되며 의미가 되는 그 본질을 잊곤 한다. 이 책을 통해 어떻게 해야 찬양의 이유와 의미를 늘 주님께 드릴 수 있는지 고민하고 해답을 찾아가면서 하나님 앞에 서만 최선을 다해 찬양하는 자들이 되길 소망한다.

Pure Praise

1 앗,
찬양에도 잡음이?

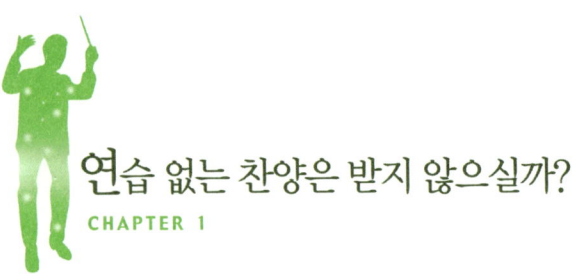

연습 없는 찬양은 받지 않으실까?
CHAPTER 1

교수가 된 지 벌써 10년이 다 되어 간다. 사람들은 대학에서 강의하는 내가 찬양 사역을 그토록 오래 했다고 하면 잘 믿지 않는다. 의아해 하는 사람들의 반응을 보면서 어쩌면 이런 특이한 이력이 나를 통해 일하시는 하나님의 증거일지도 모른다는 생각이 문득문득 든다.

강의를 위해 학교와 집을 오가는 동안, 1시간 이상을 고속도로를 달리며 라디오를 듣는 것이 내 일상이다. 그런데 참 재미있게도 어느 지역에만 가면 꼭 잡음이 끼어들어 라디오를 제대로 들을 수가 없다. 처음엔 그러려니했지만 어느 순간 나는 이 잡음 때문에 우리의 신앙과 찬양에 대해서 돌아보게 되었다.

잡음은 방송 소리를 왜곡해 정확한 소리를 들을 수 없도록 방해한다. 아마 전파 수신이 잘 안 되서 생기는 문제이리라. 그럴 때마다 지지직거리는 잡음이 듣기 싫어서 라디오를 아예 꺼버리게 된다.

비단 라디오만의 문제는 아니다. 핸드폰이나 네비게이터 DMB 방송도 마찬가지다. 터널이나 산이 높은 지역을 지날 때, 혹은 전파가 지원되지 않는 곳에서는 방송을 제대로 볼 수 없다. 이런 상태가 지속된다면 시끄러운 잡음 때문에 전원을 꺼버리기 마련이다.

찬양 사역을 시작하고 십여 년 동안은 늘 찬양 연습을 열심히 했었다. 그건 너무나 당연한 찬양팀의 의무였고, 하나님께 더 큰 영광을 돌리기 위한 애씀이었다. 그러던 어느 날 나는 생각하지도 못한 것이 우리의 찬양을 잡음으로 만들어버리고 있다는 것을 깨달았다.

몇 년 전 금요철야 찬양을 인도하기 위해 찬양팀 준비 모임을 하고 있었다. 늘 그렇듯 싱어팀과 연주팀이 곡을 미리 맞춰보고 함께 기도하기로 했다. 금요철야 예배가 저녁 9시에 시작했기에 우리는 늘 7시 30분부터 모여 준비했다.

그런데 준비 모임에 빠지거나 지각하는 팀원들이 있었고, 그런 결석이나 지각사태가 하루이틀일이 아니었다는 데 문제의 심각성이 있었다. 급기야는 찬양을 인도하기 5분 전에 와서 "미안합니다!" 한 마디 던지고는 연주하고 노래하는 경우도 있었다. 대형교회라면 봉사할 인원이 많아서 그렇게 불성실한 사람은 다른 봉사자로 바꾸면 된다고 생각할지 모르나 당시 그 교회는 그럴 여건이 되지 않았다.

이건 아니다 싶어서 나는 이 상황을 놓고 기도했다. 어떻게 하면 모임 시간을 잘 지키고 책임감이 생길지, 규칙을 강화하는 게 좋을지 등을 놓고 고민하며 기도했다. 그러던 어느 날 기도 하는데 내 마음 가운데 이런 질문이 던져졌다.

"찬양을 위한 준비모임이 꼭 필요한가? 반드시 곡을 연습하고 미리 기도를 해야만 하나?"

그러면서 찬양팀원 한 사람 한 사람을 떠올려보았다. 누구 하나 일부러 그 모임에 늦거나 빠지는 사람은 없었다. 그들은 최선을 다하고 있었다. 오히려 너무 최선을 다해 지쳐있었다. 그때 내 마음에 음성이 들려왔다.

"그래, 그들에게는 연습이나 기도를 위한 모임보다 쉼이 필요한 거야. 연습을 위한 연습보다는 온전한 예배를 위한 쉼이 필요해."

쉼을 위한 모험

나는 곧 찬양팀원들에게 당분간 연습 모임을 없애겠다고 광고했다. 건반 연주자를 제외한 나머지 연주자와 싱어들에게 '쉼'을 갖도록 권했다.

"연주자나 싱어로 오지 말고, 예배자로 교회에 오세요. 이 시간을 통해 하나님을 마음으로 찬양하고 은혜를 누리고 각자의 사명을 발견하길 바랍니다."

그리고 시간이 지나면서 그렇게 회복된 사람부터 찬양 사역으로 복귀하도록 하였다. 현실적으로 참 어려운 선택이었다. 그들이 쉬는 동안 대체할 사람이 있었으면 좋겠지만 그럴 여건이 되지 않았다. 그럼에도 불구하고 과감하게 연습 모임을 없앤 것은 결과적으로 잘한 일이 되었다. 나는 지금도 그 선택이 옳았다고 생각한다.

어쩌면 많은 사람들이 "건반 하나와 기타 하나로 금요철야 찬양이 잘되었을까?" 하고 의문을 품을 수도 있다. 하지만 그 결과는 내게 전혀 중요하지 않았다. 건반 하나와 기타만으로 찬양을 인도한다고 하나님의 역사가 끊어지는 것은 절대 아니라는 믿음이 있었기 때문이다. 잘 갖추어지고 잘 연습된 찬양팀만이 좋은 예배로 이끄는 것이 아니지 않은가. 나는 은혜에 갈급한 예배자들이 좋은 예배의 우선순위라는 걸 입증하고 싶었다. 하나님을 갈급해해야 하는 자리에 오히려 지치고 의무감에 사로잡힌 마음이 차지할 때 하나님의 역사는 더 방해받을 수 있다는 생각이 들었다.

　결과적으로 찬양팀원들이 하나님 안에서 쉼을 얻고 그분을 더 사랑하는 마음으로 예배하는 자리에 나오는 것이 훨씬 더 중요하다는 사실을 분명히 알게 되었다.

　우리는 연약한 사람이다. 그래서 규칙과 책임감을 훈련할 필요가 있다. 하지만 사역을 하다보면 찬양 연습을 필요 이상으로 강조하는 문화가 만연한다. 새 찬양을 보급한다는 명분으로 멋진 연주와 노래에 집착하여 하나님과 무관한 연습을 할 때가 있는 것도 부인할 수 없는 실정이다.

　바로 여기에 은밀한 잡음이 끼어든다. 남들도 그렇게 하고, 열심과 열정이 중요하니 철저하게 연습하는 것은 당연하다는 전제가 자원하는 마음과 찬양을 통한 성숙의 길을 막는 결과를 낳는다. 우리는 그런 잡음을 경계해야 한다.

　혹시 우리의 찬양이 하나님을 향한 진정한 찬양은 없고 연습만 남은 건 아닐까? 반드시 필요하다는 의무와 책임이 오히려 하나님께 나아감을 방해하는 요인으로 작용하고 있지는 않을까? 세련되긴 하지만 마음이 담기지 않은, 소리만 울려 퍼지는 노래, 하나님께 나아가는 찬양에 어느 사이엔가 이런 잡음이 끼어들고 있었다.

찬양 연습이 없는 예배

현재 나는 만여 명의 장년이 출석하는 교회에서 찬양 인도를 맡고 있다. 이렇게 교회가 커지면 모든 일들은 생각보다 더 복잡해진다. 예배도 그렇고 물론 찬양도 그렇다. 더 많은 시스템과 악기, 전문 연주자와 싱어, 그리고 호흡을 맞추기 위한 연습 시간 등 신경 써야할 부분이 점점 많아질 수밖에 없다. 요즘처럼 예배를 강조하는 한국교회 현실에서는 더욱 그렇다. 그래서 많은 대형교회들이 이러한 필요를 채우기 위해 얼마나 애쓰고 있는지 아마도 찬양에 관심이 있는 분이라면 잘 알 것이다.

그런데 내가 분당우리교회에서 사역을 시작하고 처음 3년여 동안은 찬양 연습 없이 1부에서 5부까지 주일예배를 섬겼다. 솔직히 무슨 특별한 소신 때문이라기보다 교회가 처한 상황적 요인이 더 컸다. 교회가 학교 강당을 빌려서 사용하다보니 연습할 공간이 턱없이 부족했다. 또 많은 예배가 순차적으로 드려지고 곧바로 다음 예배가 이어지는 시간적인 한계도 있었다. 물론 처음 6개월 정도는 연주팀과 싱어팀의 호흡을 위해 연습이 필요한 기간이 있었다. 그 연습 또한 반드시 해야 한다는 의무감으로 한 것은 아니었다. 오히려 처음 만나는 연주팀과 싱어팀이 서로를 알아가는 의미의 자리였다. 그 연습 역시 주일에는 할 수 없었고 수요예배가 끝난 후 밤에 남아 했었다. 때론 연주팀 멤버의 사정으로 새벽 2시에 모인 적도 있었다. 어떤 사람들은 매 예배마다 2,000여 명씩 드리는 예배에 연습도 하지 않고 찬양을 하다니 의아할 수도 있을 것이다.

나는 연습의 유무로 옳고 그름을 이야기하려는 것이 아니다. 정말 말하고 싶은 핵심은 "하나님은 연습을 제대로 할 수 없는 상황 속에서도 예배를 은혜롭게 만들어 가셨다"는 고백이다. 어떤 이유에서건 늘 부족한 모습으로 하나님을 찬양했지만 하나님은 지금까지 그 예배를 받아주셨다고 믿는다.

내 의지보다는 교회 상황 때문에 연습할 수 없었지만, 오히려 그런 상황 때문에 우리 찬양팀은 연습보다 더 중요한 찬양의 본질을 찾으려는 노력을 기울이게 되었다. 찬양 연습으로 더욱 준비된 예배를 하나님께 올려드리는 것은 마땅한 일이다. 하지만 연습되지 않는 찬양이 반드시 예배를 망칠 것처럼 여기는 사람들을 만날 때가 있다. 연습을 찬양의 본질처럼 강조하는 사람들의 중심은 이해하지만, 때론 그 연습이 우리를 속박하거나, 정죄하고 있음도 간과해서는 안 된다.

찬양은 사람이 하는 행위다. 우리가 자유롭지 못하면 우리의 중심이 하나님께 제대로 표현될 수 없다. 연습은 찬양곡을 잘 숙지하게 해서 찬양팀이 자유를 누릴 수 있게 한다. 그러나 연습할 수 없는 상황이 더 중요한 자유를 누리게 해주었다. 그것은 찬양팀 스스로 영적관리를 하게 만드는 자생력을 키워준 것이다.

나는 때로 고집스럽게 연습을 강조하다가 연습을 언제 할지를 조정하는 문제로 서로에게 상처를 주는 경우를 많이 보았다. 연습에 늦은 사람은 찬양팀 자격이 없다고 비난받는 경우도 보았다. 나 또한 그런 사람이었음을 부인하고 싶지 않다. 마치 금식은 좋은 것이지만 바리새인의 금식이 다른 사람을 정죄하는 데 쓰인 것처럼 말이다. 그래서 더욱 연습을 위한 연습은 찬양의 본질이 아니라고 말하고 싶다. 연습을 하는 것이 좋으나, 할 수 없어도 안타까워하지 말라는 말이다. 보다 중요한 것은 연습을 왜 하는가, 혹은 왜 하지 않는가에 대한 분명한 목적을 중심에 가지고 있다면 어떤 선택도 나쁘지 않다는 것이다. 어떤 쪽이건 우리가 하나님을 향한 온전한 마음을 더 품을 수 있는 방향으로 선택하면 된다. 하나님을 향한 예배의 마음을 갖는 것, 바로 그것이 찬양의 본질이기 때문이다.

찬양을 막는 방해꾼, 잡음
CHAPTER 2

사전에서는 잡음을 '시끄러운 여러 가지 소리' 혹은 '전신, 라디오 따위의 청취를 방해하는 소리'라고 정의한다. 쉽게 말하면 '듣기 싫은 소리'라는 뜻이다. 아무리 듣기 좋은 아름다운 소리일지라도 잡음이 섞이는 순간 세상에서 제일 듣기 싫은 소리가 된다. 결국 잡음은 우리가 정말 듣기 원하는 소리 즉, 본래의 소리를 못 듣도록 왜곡하는 '방해꾼'이다.

우리의 신앙생활은 어떠한가? 신앙생활은 하나님과 내가 영적·인격적 관계를 맺고 살아가는 삶의 모습이다. 우리는 예배와 기도·말씀·찬양과 봉사 등으로 하나님과의 관계를 더욱 돈독하게 만들어 간다. 그런데 이 관계 속에 잡음이 끼어들면 여지없이 어려움을 겪는다.

예를 들어, 일상생활이 너무 바빠서 하나님의 말씀을 멀리한다면 신앙생활은 매우 피폐해진다. 결국 바쁜 일상생활은 하나님 말씀의 통로를 막는 잡음이 되고 만다. 이럴 때는 시간을 잘 관리함으로 그 잡음을 제거할 수 있다. 말씀 읽는 시간을 따로 떼어 우선순위에 놓고 말씀 앞에 온전히 선다면 우리와 하나님 사이의 잡음이 사라지고 하나님과의 관계가 회복된다.

찬양도 마찬가지다. 우리는 창조주 하나님을 찬양하기 위해 창조되었다. 하나님이 받으실만한 아름다운 향기로 찬양을 드리는 것보다 더 소중한 일은 없다. 그러나 우리의 찬양에 잡음이 끼어든다면 그 찬양은 하나님께 듣기 싫은 소리가 되어버린다. "네 노랫소리를 내 앞에서 그칠지어다 네 비파 소리도 내가 듣지 아니하리라(암 5:23)"라는 하나님의 외침과 함께 하나님은 그 지지직거리는 찬양을 듣지 않으시려고 전원을 꺼버리실지 모른다. 그러면 하나님과 나의 관계는 단절된다.

그렇다면 우리의 찬양 속에 끼어들 수 있는 잡음은 무엇일까? 어떻게 해야 하나님 앞에 맑고 깨끗한 찬양의 울림이 넘쳐나도록 그 잡음을 제거할 수 있을까? 어떤 이는 매우 크고 심각한 문제를 잡음이라고 떠올릴지도 모르겠다. 차라리 잡음이 아주 크고 거대해서 누구나 쉽게 인식할 수 있다면 제거하기가 훨씬 쉬울 것이다. 하지만 잡음은 작아도 무시할 수 없다는 특징을 지닌다. 가장 듣기 좋고 순도 높은 소리는 아주 작고 미세한 잡음까지 없애야 만들어지니 말이다. 결국 정말 깨끗한 소리인지 아닌지는 미세한 잡음까지 제거했느냐 못했느냐로 판가름 난다.

수많은 사람과 교회가 하나님을 찬양한다. 하지만 하나님이 받으시는 찬양은 마지막까지 순도를 높이기 위해 애쓴 찬양일 것이다.

여호수아 7장에 나타난 '아간의 범죄'를 보면 하나님은 단 한사람의 죄로도 전체 이스라엘을 패전하게 만드신다. 하나님은 민감한 귀를 가지신 분이시다. 미세한 잡음만으로도 하나님의 영광을 가릴 수 있다.

우리가 잡음이 아니라고 확신할지라도 어느 순간 하나님이 받으시는 찬양을 방해하는 잡음일 수 있다는 것을 기억하고 늘 경계해야 한다. 그러므로 크고 작은 모든 잡음들을 제거하려는 노력이 바로 하나님의 마음을 시원케 해드리는 찬양으로 나아가는 첫걸음이다.

내 찬양이 하나님께 잘 들릴까?

어느 주일, 여느 때처럼 찬양을 인도하고 있을 때였다. 인도하는 내내 마음속에서 "이건 아닌데…, 왜 찬양이 그저 잡음 같다는 생각이 들까? 내게 잡음처럼 들리는 이 찬양을 하나님께선 과연 받으실까?" 하는 생각이 들었다. 연주나 음향이나 노래의 문제는 아니었다. 선곡된 찬양은 아름답게 연주되었고, 싱어들도 최선을 다해 노래했고, 스피커로 들리는 음향 상태도 최상이었다.

그렇게 찬양시간은 끝이 났다. 하지만 찬양 내내 마음을 때렸던 의문의 소리는 여전히 나를 답답하게 했다. 그날 하루 온종일 그 답답함을 풀기 위해 나는 기도하는 마음으로 생각에 집중했다.

"도대체 무엇이 문제일까?"

곰곰이 생각한 끝에 내 중심의 고백이 빠졌음을 깨달았다. 음악소리만 난무하는 찬양에 염증이 느껴졌던 것이다. 아무리 아름다운 음악소리가 예배가운데 가득 찰지라도 우리의 고백이 빠진다면 하나님이 받으실 만한 찬양은 아니다. 아마도 하나님의 귀에는 음악소리만 30여 분 동안 들렸을 것이다. 그 때 혹시 우리를 향해 이렇게 말씀하시지 않으셨을까?

"내가 창조한 음악소리는 참 아름다운데 혹시 나한테 할 말은 없니?"라고 말이다. 내 중심은 내 온 인격을 다 드려서 하나님을 사랑한다고 고백하기를 원하고 있었다. 하지만 찬양을 인도하는 자리에 서다보니 성도들의 반응과 예배 분위기를 자꾸 생각하게 되고 그 분위기에 그만 묻혀버리고 말았다.

그 찬양시간 내내 내 마음 깊은 곳에서는 하나님과 단절된 찬양으로 인한 영적인 불만족이 나를 사로잡았다. 그런 찬양에 염증이 났다. 하나님과 더 친밀하게 대화하는 깊은 관계로 들어가고 싶은데 너무 많은 멘트와 큰 음악소리와 많은 가사가 오히려 내게 번잡함을 더했다. 그 때의 음악은 그저 하나님과 나와의 교제를 방해하는 잡음일 뿐이었다. "차라리 음악이 없었으면 좋겠다. 내가 정말 하나님께 드리고 싶은 고백을 하고 싶다." 하는 마음이 들었던 것이다.

나는 찬양에 악기나 음악적 요소가 없어야 한다는 사람들의 의견에 동의하지는 않는다. 다만 '찬양을 통해서 하나님을 만나고 있는가'를 묻고 싶을 뿐이다. 음악은 우리의 고백을 담는 아름다운 그릇이다. 음악자체가 능력은 아니다. 하나님이 우리에게 언어를 주시고 글로 쓰인 말씀을 주신 것은 그것을 통해서 대화하시겠다는 뜻이다. 아무런 고백도 담기지 않은 빈 그릇을 보시며 하나님의 마음은 어떠셨을까? 바로 내가 찬양을 인도하는 것이 아니라 노래를 인도하고 있고 음악이라는 빈 그릇만 하나님께 올라가고 있다면 말이다. 찬양하는 가운데 이런 답답함을 느끼는 것은 비단 나만의 문제일까.

사무엘상 10장 5-6절에는 예언하는 자들이 음악을 연주하는 장면이 묘사되어 있다. 예언하는 자들을 만난 사울도 그 안에서 하나님의 신이 임하는 것을 경험하고 함께 예언한다. 이 장면은 성령의 역사와 음악의 연관성보다는 '사울의 변화'에 강조점이 있다. 사울은 이전에 경험하지 못한 성령을 경험한다. 사울 주변에서는 아름다운 음악이 흘렀다. 그 아름다운 음악이 성령께서 역사하시는 좋은 배경이 된다는 것은 분명하다. 하지만 사울의 삶에 변화가 없다면 그 음악은 그저 배경음악일 뿐이다. 음악을 통해 하나님의 은혜와 역사가 전달되었는지를 증명하려면 우리 삶의 변화를 보여야 한다. 그러나 사울왕은 성령의 역사 이후 일관되고 지속적인 삶의 변화를 보이지 않았다.

하나님은 음악이 있을 때나 없을 때나 우리에게 성령을 부으실 수 있는 분이다. 그것은 전적인 하나님의 주권이며 은혜다. 음악이 성령님의 역사를 전달하는 좋은 그릇으로 평가 받으려면 음악 자체를 다듬을 뿐만 아니라 우리의 심령에 변화가 있는지를 더 민감하게 살펴야 한다. 우리에게 변화가 없다면 그 음악은 있어도 그만이고 없어도 그만인 배경음악으로 전락할 수 있다

찬양 인도를 맡은 지 벌써 20년이다. 10여명의 성도가 모인 개척교회부터 만여 명이 모이는 대형교회까지 다양한 자리에서 찬양

인도를 해 왔다. 찬양 인도를 준비하다보면 예배에 참석한 인원이 몇 명인지, 성도들의 연령대가 어떤지, 예배의 성격이 어떤지, 초신자인지 헌신자인지, 어떤 악기로 연주를 할 것인지 등을 고려하게 된다. 비단 나만의 경우가 아니라 대부분의 인도자들도 마찬가지로 고민하는 문제일 것이다. "어떻게 하면 이곳에 모인 성도들이 찬양을 잘 따라 부르게 할 것인가?" 혹은 "어떤 식으로 연주할 것인가?" 등의 음악적 고민을 하다가 정작 중요한 질문을 잊을 때가 있다. 바로 "이 찬양이 하나님께 잘 도달할까?"라는 질문이다.

순도 100%의 찬양을 찾아라
CHAPTER 3

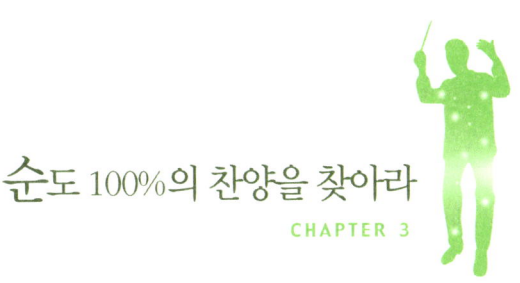

신약에는 찬양하는 모습이 구약만큼 자주 등장하지는 않지만, 누가복음에서 예수님이 무엇을 찬양하시는지 언급한 구절을 볼 수 있다.

칠십 인이 기뻐하며 돌아와 이르되 주여 주의 이름이면 귀신들도 우리에게 항복하더이다 예수께서 이르시되 사단이 하늘로부터 번개같이 떨어지는 것을 내가 보았노라 내가 너희에게 뱀과 전갈을 밟으며 원수의 모든 능력을 제어할 권세를 주었으니 너희를 해할 자가 결코 없으리라 그러나 귀신들이 너희에게 항복하는 것으로 기뻐하지 말고 너희 이름이 하늘에 기록된 것으로 기뻐하라 하시니라(눅 10:17-20).

이 말씀 앞에는 예수께서 70명의 제자들을 두 명씩 나누어 하나님 나라의 복음을 전파하도록 파송하는 장면이 나온다. 그들이 가는 곳마다 치유가 일어나고 악한 귀신이 떠나가는 일이 일어났다. 예수님이 하신 것처럼 똑같은 권능을 베풀었다. 파송 받은 제자들은 자신들에게 이런 놀라운 능력이 있었다는 사실에 깜짝 놀랐을 것이다.

그들은 치유의 현장에서 환호하고 기뻐하며 하나님을 찬양했을 것이고 예수님께 이 소식을 빨리 알려드리고 싶었다. "주님! 당신의 이름으로 기도할 때 병이 낫고 귀신이 떠나갔습니다. 정말 놀라운 일이 저희를 통해 일어났습니다."라는 고백이 여기저기서 터져 나왔을 것이다.

여기서 '기뻐하다'는 말의 원어는 '카이로'로, 영어 단어 'rejoice'와 같은 뜻이다. 찬양의 근원적인 감정은 바로 이 기쁨이다. 제자들은 이 기쁨을 표현하려고 박수를 치기도 하고 너무 좋아서 눈물을 흘리기도 하고 때론 껑충껑충 뛰기도 했을 것이다.

이처럼 제자들은 예수님 앞에서 주체할 수 없는 기쁨으로 자신들이 행한 일들을 말하기 시작했을 것이고, 그 날 거기에 함께했던 모든 사람들에게도 말할 수 없는 기쁨이 충만하게 임했을 것이다. 하지만 그때 예수께서 찬물을 끼얹듯이 제자들에게 한 말씀을 던진다.

> 그러나 귀신들이 너희에게 항복하는 것으로 기뻐하지 말고 너희 이름이 하늘에 기록된 것으로 기뻐하라.

이 말씀을 듣는 순간 제자들은 어떤 기분이었을까? 제자들이 승리감에 도취되어서 기뻐 뛰는 것을 그냥두시지 않고 역설적인 이야기를 하신 이유가 무엇일까? 오히려 제자들을 독려해서 더 열심히 하나님을 찬양하게 하고 더 힘 있게 사역하실 수도 있었을 텐데 왜 그렇게 하지 않으셨을까?

예수님은 제자들의 기쁨이 어디에서 기인했는지 정확하게 아셨다. 그들은 귀신들이 항복한 것 때문에 기뻐했던 것이다. 보이는 결과나 현상에 집착하는 것이 인간이다. 예수님은 그들이 간과한, 보이지 않지만 더 중요한 본질이 있음을 정확히 지적하셨다. 우리가 기뻐해야 할 본질적인 이유가 무엇인지를 알려주신 것이다. 예수님의 지적처럼, 우리는 우리 이름이 하늘에 기록된 것을 기뻐해야 한다. 주님은 더 중요한 것이 무엇이며 찬양하는 이유가 무엇인가를 제자들이 더 깊이 알기 원하셨다.

구원받은 자가 외치는 기쁨의 찬양

예수님이 말씀하시는 찬양의 이유는 매우 간단하다. 주님은 우리가 기뻐할 수밖에 없는 존재라는 사실을 상기시키신다. "너희는 천국 백성이다. 그 천국을 소유한 자는 기뻐할 수밖에 없다."라고 말이다. 우리는 찬양해야 할 이유가 있을 때에만 찬양하는 데 익숙하다. 예수 그리스도의 이름으로 기도했더니 병이 낫고 귀신이 물러가는 체험을 했다면 그 누가 하나님을 찬양하지 않겠는가? 하지만 예수님은 우리에게 동일하게 말씀하신다. 찬양의 이유는 우리가 구원받은 존재라는 것을 아는 것만으로 충분하다고. 찬양을 위한 또 다른 어떤 이유도 이 이유보다 클 수는 없다.

우리가 본질적인 찬양을 하지 못하는 이유는 바로 우리 스스로의 정체성을 올바로 인식하지 못하기 때문이며, 구원이라는 큰 선물을 실감하지 못하기 때문이다. 찬양을 위한 더 큰 자극을 원하는 이상, 우리의 찬양은 겉돌 수밖에 없다. 우리는 이미 모든 것을 가진 자들이다. 오늘도 예수님은 우리에게 말씀하신다. "너희 이름이 하늘에 기록된 것으로 기뻐하라."

우리는 눈에 보이는 것에 쉽게 현혹될 수 있음을 인정해야 한다. 믿음의 결과가 항상 눈에 분명히 보이길 간절히 원한다. 그렇기 때문에 우리는 종종 보이는 것에 따라 마음을 빼앗기는 실수를 범한다. 우리를 현혹할 수 있는 요소들을 경계해야 한다. 사도 요한도 "이는 세상에 있는 모든 것이 육신의 정욕과 안목의 정욕과 이생의 자랑이니 다 아버지께부터 온 것이 아니요 세상으로부터 온 것이라"(요일2:16) 하고 외쳤다.

우리는 보이는 것에 쉽게 현혹되는 연약함을 가지고 있고, 세상은 우리 눈에 잘 보인다. 하지만 하나님은 우리 눈으로 볼 수가 없다. 세상이 잘 보일수록 하나님은 더 보이지 않는다. 아마 사도 요한도 보이는 이 세상을, 하나님을 바라보지 못하게 하는 오염된 잡음으로 여겼을 것이다.

존재만으로도 찬양이다

찬양은 인간 편에서 하나님의 하나님 되심을 인정하는 가장 가치있는 행위다. 반면 하나님의 영광을 가릴 수 있는 유일한 존재도 바로 인간이라는 것을 생각할 때, 인간 편에서 하나님께 드리는 예배와 찬양에는 항상 위험이 도사리고 있음을 기억해야 한다. 인간의 행위는 완벽할 수 없다. 누구든지 하나님의 영광을 드러내는 데 방해꾼이 될 수 있다.

하나님이 주신 자유의지를 가지고 온전한 순종으로 나아가는 것이 아니라, 오히려 자유의지의 역량을 총동원해서 잡음을 극대화할 수 있는 게 인간이다. 우리가 예배를 위해 최선을 다하지만 역설적으로 최선을 다하면 할수록 하나님이 가려질 수도 있다. 우리가 손을 들고 수많은 악기와 화려한 사운드로 노래하지만 그 열심과 화려함이 하나님과 무관할 수도 있다. 하나님께 온전한 영광이 돌아가지 않는다면, 그 예배와 찬양은 그저 잡음일 뿐이다. 그러므로 이미 구원받은 우리의 존재가 찬양의 이유가 되게 해야 한다. 우리가 천국백성이라는 사실만으로 찬양의 충분한 이유가 되어야 한다.

찬양팀원 중에서 간혹 "오늘은 컨디션이 안 좋아서 찬양을 못하겠어."라거나, "오늘 하루 종일 좋지 않은 일이 있어서 우울해. 이런 마음으론 찬양 못하겠어."라고 말하는 경우가 있다. 이 땅의 삶이 수고롭고 힘들다는 것을 누가 부인하겠는가? 하지만 이런 사실이 우리로 하여금 찬양할 수 있는 날과 할 수 없는 날을 구분하게 만든다면 진정한 찬양의 의미를 모르는 것이다.

눈에 보이는 상황과 결과에 언제까지 끌려다니겠는가? 예수님의 찬양을 보면서 '나라는 존재'로부터 찬양이 흘러나올 수 있도록 해야만 한다. "너희 이름이 하늘에 기록된 것으로 기뻐하라"는 말씀처럼 말이다.

찬송하리로다 하나님 곧 우리 주 예수 그리스도의 아버지께서 그리스도 안에서 하늘에 속한 모든 신령한 복을 우리에게 주시되 곧 창세 전에 그리스도 안에서 우리를 택하사 우리로 사랑 안에서 그 앞에 거룩하고 흠이 없게 하시려고 그 기쁘신 뜻대로 우리를 예정하사 예수 그리스도로 말미암아 자기의 아들들이 되게 하셨으니 이는 그가 사랑하시는 자 안에서 우리에게 거저 주시는 바 그의 은혜의 영광을 찬송하게 하려는 것이라(엡 1:3-6).

Pure Praise

2 이런,
은밀하게 들어온 잡음들!

말씀의 빛에 잡음이 드러난다

    신앙생활을 오래한 사람일수록 찬양을 하면서 내가 지금 온전한 찬양을 하고 있는지, 내 찬양에 문제는 없는지 고민한 경험이 많을 것이다. 입술로는 하나님을 찬양하지만 마음은 냉랭한 적도 있을 것이다. 찬양팀원 중에도 연주를 하고 노래를 하면서 하나님을 느끼지 못하는 것 때문에 공허감과 회의감을 호소하는 경우가 많다. 그래서 개인적으로 찬양리더에게 상담을 요청하거나 다른 찬양팀원들의 이야기에 귀를 기울이기도 한다. 하지만 이것으로는 문제를 해결할 수 없다.

    우리에게는 하나님의 말씀인 성경이 있다. 이 거울에 자신의 모습을 비추어 본다면 생각보다 쉽게 문제를 발견하고 해답을 찾을 수 있다. 찬양이라는 문자적 단어에 한정된 말씀이 아니라 성경에

Pure Praise

서 말씀하는 하나님의 정신(spirit)속에서 찬양을 바라보아야 한다.

찬양은 "내가 아는 하나님이 바로 이런 분이야!"라고 선포하는 것이다. 찬양의 주요 의미가 칭임을 생각해보면 더 쉽게 이해할 수 있다. 따라서 성경 전체에서 하나님이 어떤 분이라고 말씀하는지에 대한 지식이 부족하다면 그 하나님을 찬양하는 것도 반쪽짜리 찬양이 될 수밖에 없다. 말씀 없이 찬양하는 사람의 마음은 공허할 것이고, 찬양없이 말씀만 가진 사람의 마음은 냉랭할 것이다. 따라서 찬양과 하나님을 아는 지식의 관계는 정말 중요하다.

나는 "어떻게 하면 하나님이 받으시는 찬양이 될까?"라는 방법론에 초점을 맞춘 책들을 많이 보았다. 하지만 동시에 늘 마음에 맴도는 물음이 있었다. 바로 "하나님이 정말 싫어하시는 찬양은 어떤 모습일까?"였다. 이 책은 성경을 통해 그 물음에 답을 찾고자 애썼던 나의 묵상이기도 하다.

비본질의 대표주자 놋뱀
CHAPTER 4

　　　　　　　신앙생활에서 본질과 비본질을 구분하는 일은 매우 중요하다. 특히 본질이 무엇인가를 정확히 알면 비본질은 자연스럽게 드러날 수밖에 없다. 본질과 비본질의 특징을 한마디로 말하면 불변과 가변의 차이다. 신앙에서 본질은 항상 불변하는 진리다. 시대를 막론하고 변하지 않는 것이다. 비본질은 이와 반대로 시대와 문화의 변화에 따라 함께 변하는 것이다. 딱 잘라 이야기할 수는 없지만, 일반적으로 본질은 내용이고 비본질은 형식이라고 설명할 수 있다.

　　예를 들면, 구약시대의 이스라엘 백성들은 하나님을 제사하는 방법으로 소나 양을 바치는 형식을 갖추었다. 하지만 지금은 그런 형식들은 취하지 않는다. 구약의 제사 형식을 따르지 않는다고 해서 예배의 본질이 바뀌는 것은 아니다. 우리는 구약시대와 다른 형식으로 예배하지만 여전히 우리를 창조하신 하나님에 앞에 피조물로서 겸손하게 나아가는 경배를 드린다. 예배하는 방법은 그저 비본질적인 형식일 뿐이다. 그것은 언제든지 바뀔 수 있다.

구약시대의 제사를 보면, 초기에는 돌단을 쌓아 제사했지만 다윗시대 이후에는 성전에서 제사하는 식으로 시대에 따라 형식이 변해 갔다. 하나님께서 친히 제사의 방법을 알려주신 경우도 있지만 다윗의 경우는 자신이 성전을 짓겠다고 먼저 의견을 제시했다.

우리 시대는 어떤가? 많은 교회들이 다양한 모습으로 성전을 건축하고 그곳에서 조금씩 다른 형식으로 예배하지 않는가? 이런 외형과 방법은 모두 변하는 것들이다. 그러나 아마도 당시에 살던 사람들은 그 제사 형태가 나중에 바뀌게 되리라고는 생각하지 못했을 것이다. 우리도 마찬가지이다. 현재의 예배가 영원히 변하지 않을 것이라고 믿고 있는지 모른다. 자신이 경험한 예배의 형식이 가장 좋고 완벽하다고 생각하여 다른 형식을 비판하기도 한다. 그러나 성경은 한 가지 예배의 본질만을 계속해서 말하는데, 그것은 바로 형식이 다른 제사가 잘못된 것이 아니라 하나님으로부터 '마음이 떠난 제사'가 잘못되었다는 사실이다.

열왕기하 18장 3-6절에 등장하는 느후스단의 이야기는 본질과 비본질이 대비되는 모습을 보여주는 좋은 예다.

> 히스기야가 그의 조상 다윗의 모든 행위와 같이 여호와께서 보시기에 정직하게 행하여 그가 여러 산당들을 제거하며 주상을 깨뜨리며 아세라 목상을 찍으며 모세가 만들었던 놋뱀을 이스라엘 자손이 이때까지 향하여 분향하므로 그것을 부수고 느후스단이라 일컬었더라 히스기야가 이스라엘 하나님 여호와를 의지하였는데 그의 전후 유다 여러 왕 중에 그러한 자가 없었으니 곧 저가 여호와께 연합하여 그에게서 떠나지 아니하고 여호와께서 모세에게 명령하신 계명을 지켰더라.

이 말씀의 배경을 알기 위해서는 민수기 21장 8-9절을 살펴보아야 한다.

> 여호와께서 모세에게 이르시되 불뱀을 만들어 장대 위에 매달아라 물린 자마다 그것을 보면 살리라 모세가 놋뱀을 만들어 장대 위에 다니 뱀에게 물린 자가 놋뱀을 쳐다본즉 모두 살더라.

이스라엘 백성이 애굽을 탈출하여 언약의 땅까지 가는 여정은 매우 힘들었다. 그들은 지쳐 하나님을 원망하기 시작했다. 왜 그 좋던 애굽을 나오게 해서 우리를 이렇게 고생시키느냐고 불평을 쏟아놓는다. 이 불평이 하나님을 노하게 만들었고 결국 하나님은 불뱀을 보내서 이스라엘 백성을 죽게 하셨다.

그때 이스라엘의 지도자 모세가 하나님 앞에 회개하며 기도하였고, 기도를 들으신 하나님께서 불뱀에게 물린 사람을 살리는 방법으로 놋뱀을 제시하셨다. 신기하게도 놋뱀을 보는 사람은 모두 살아났다.

도대체 놋뱀은 무엇인가? 물리적으로 보면 그것은 그저 뱀의 모양을 가진 놋덩어리에 불과하다. 마치 십자가가 구원의 의미를 빼고 나면 그저 나무에 지나지 않는 것처럼 말이다. 그러나 불뱀에 물린 당시의 상황 속에서 본다면 그것은 단순히 놋으로 된 뱀이 아니었다. 그 놋뱀은 죽어가는 자신의 목숨을 살려낸 능력있고 신비한 존재였다. 그 당시에는 그것이 회개와 믿음을 증명하는 리트머스 시험지와 같았던 것이다.

그러나 그 사건 이후로 이스라엘 백성에게 놋뱀은 어떤 의미가 되었을까? 그들이 광야의 여정을 계속하는 동안 이스라엘 백성에게 그 놋뱀은 어떤 의미로 각인되었을까? 광야를 걷는 내내 그들은 보이지 않는 하나님을 신뢰하지 않았다. 하나님의 놀라운 기적도 그들의 기억에서 쉽게 잊혀졌다. 그것이 그들이 광야에서 보여준 모습이었다. 아니 어쩌면 우리의 모습일지도 모르겠다. 그러한 그들에게 눈앞에 보이는 놋뱀은 곧 하나님이었다.

이스라엘 백성에게 "불뱀에 물려 죽게 된 너희를 살린 것이 무엇이냐?"라고 묻는다면 아마도 이구동성으로 "놋뱀이오!"라고 외쳤을 것이다. 하나님이 살리셨는가? 놋뱀이 살렸는가? 하나님이 능력 있는 분인가? 놋뱀에게 신통한 능력이 있는가? 그 답은 이스라엘 백성들의 역사를 보면 금방 알 수 있다.

광야생활부터 히스기야 왕까지 약 1,000여 년 동안 그 놋뱀은 신통방통한 능력의 대표적 도구로 이스라엘에서 버젓이 숭배되고 있었다. 그 놋뱀을 숭배하는 데 이의를 제기할 사람은 없었을 것이다. 아니 어쩌면 병든 사람이 있을 때마다 보이지 않는 하나님보다 눈앞에 보이는 놋뱀을 향해 절하고 기도했을지 모른다.

그러나 하나님만을 의지했던 히스기야는 그 놋뱀의 정체를 간파했다. 무엇이 본질이고 무엇이 비본질인지 알았다. 하나님을 의지하는 사람은 비본질적 요소를 꿰뚫어보는 능력이 있다. 왜냐하면 본질을 정확히 알기 때문이다. 신앙의 본질은 하나님만 의지하는 것이다. 즉, 날 구원하시기 위해 십자가를 마다하지 않으신 예수 그리스도, 그 복음을 믿는 것이다. 하나님에 대한 전적인 의지와 예수 그리스도의 복음에 대한 믿음이 약화될 때 나타나는 증상이 바로 비본질적 요소에 눈이 가리기 시작하는 것이다.

놋뱀을 하나님처럼 우상시 하던 이스라엘 백성을 향해 히스기야 왕이 외쳤다.

"이까짓 놋뱀에 무슨 능력이 있는가! 여기에 무슨 치유의 능력이 있단 말인가! 우리 선조를 광야에서 인도하고 죽어가는 생명을 살린 분은 오직 여호와 하나님이시다!"

그리고 그 놋뱀 조각을 부셔버렸다(왕하 18:4). 많은 사람들이 놀라는 표정을 상상해보라. 1,000년을 숭배해 온 그리고 그 누구도 놋뱀을 숭배하는 데 이의를 제기하지 않았는데 한순간에 히스기야가 그 놋뱀을 짓밟아 버렸다! 그 놋뱀을 누가 주었는가? 하나님이시다. 물론 하나님이 주신 것이기 때문에 소중히 여겼다고 우길 수도 있다. 그러나 좀 더 정직하게 가슴에 손을 얹고 하나님의 마음을 읽어보라. 하나님이 가장 싫어하는 것이 무엇이라고 우리에게 가르치셨는가? 바로 우상이다.

> 너를 위하여 새긴 우상을 만들지 말고 또 위로 하늘에 있는 것이나 아래로 땅에 있는 것이나 땅 아래 물 속에 있는 것의 어떤 형상도 만들지 말며 그것들에게 절하지 말며 그것들을 섬기지 말라(출 20:4-5).

하나님은 우리 인간이 눈에 보이는 것에 마음도 가는 존재라는 걸 잘 아셨다. 그래서 보이는 것에 현혹되어 우상을 섬기는데 몰두하지 말라고 경고하신다. 이 보이는 것과 보이지 않는 것에 대한 혼동 때문에 우리는 놋뱀을 놋조각으로 여기지 못하고 찬양 중에 들어온 잡음을 잡음으로 분별해 내지 못해 혼란 속에 빠진다.

하나님은 육의 눈으로는 볼 수 없는 영으로 존재하신다. 그래서 하나님은 우리에게 믿음을 요구하신다. 그러나 우리는 형체가 없는 믿음이라는 본질보다 눈에 보이고 쉽게 만지고 찾을 수 있는 비본질에 마음을 빼앗기곤 한다.

커뮤니케이션 이론에 이런 내용이 있다. 연설하는 사람이 청중들을 그 연설로 몰입시키기 위해 무엇이 중요한가를 연구했다고 한다. 연설내용, 목소리, 제스처 등 여러 요인이 있는데 여기서 주목할 것은 연설내용이 10%의 영향을 미친 반면 연설자의 목소리가 30%의 영향력을 미쳤다는 것이다.

인간은 이런 존재다. 타락한 존재이기 때문에 보이고 들리는 데에 쉽게 마음을 빼앗긴다. 본질적인 내용보다는 비본질인 형식에 마음을 빼앗기기 쉽다. 그래서 우리는 항상 이를 경계해야 한다. 비본질에 빠져 허덕이지 않도록 말이다.

예배를 생각해보자. 우리는 설교하는 목사님에게 집중한다. 하지만 그 목사님을 통해 말씀하시는 하나님은 보지 못할 때가 얼마나 많은가? 찬양도 마찬가지다. 우리는 찬양 인도자에게 집중한다. 하지만 찬양받으셔야 할 유일한 대상인 하나님은 보지 못하고 찬양을 인도하는 스타일이나 연주되는 음악 혹은 부수적인 이러저러한 것들에 관심을 더 많이 갖는 경우가 허다하다. 성도간의 교제를 나눌 때도 서로의 일상생활과 기도제목을 나누다 보면, 서로에게만 몰두하느라 정작 교제를 묶고 계시는 성령님은 보지 못할 때가 많다. 사람은 가만히 놔두면 본질보다는 비본질에, 내용보다는 형식에 관심을 쏟는다.

예전에 LA에서 있었던 일이라고 한다. 교인 수 100명 이내의 교회가 새로운 성전으로 옮기게 되었다. 그 교회에는 장로님이 두 분 계셨다. 연배도 비슷하고, 교회의 모든 일에 열심인데, 열심이 지나쳐 가끔은 의견 대립을 하기도 했지만 이내 기도로 연합하여 다시 교회 일에 충성하는 분들이었다. 그런데 이 두 장로님을 갈라서게 하는 웃지못할 코미디 같은 사건이 발생했다. 바로 그 유명한 '피아노' 사건이다.

사건의 발단은 이랬다. 교회를 이전하고 어느 교인이 새 피아노 한 대를 헌물했는데, 그 피아노를 어디에 놓을까 하는 문제로 교회가 두 갈래로 나누어지고 분란이 시작되었다. 이 문제를 놓고 두 장로님의 의견이 대립된 것이 결정적인 계기가 되었다. 먼저 A 장로님이 피아노를 강단위에 놓자고 하자 B 장로님은 하나님의 신성한 강단 위에 피아노를 올려놓을 수 없다는 주장을 하면서 감정 싸움으로 번져 교회가 두 갈래로 나누어졌다는 것이다.

그 후 3년이 흘러 두 장로님이 우연히 길을 가다 마주쳤다. 세월이 흘렀고 또 장로님 체면인지라 서로 쑥스러운 웃음을 지으며 인사를 하고 몇 마디 대화를 나누다가 A 장로님이 이렇게 물었다고 한다.

"아참! 우리가 3년 전에 피아노 때문에 다툼이 있을 때 내가 피아노를 강단아래 놓자고 했나요, 아니면 B 장로 당신이 아래에 놓자고 했나요?"

지금도 교회는 3-4년만 지나면 잊히고 말 비본질적인 싸움을 멈추지 않고 있다. 아니 지상교회의 모습을 갖추고 있는 한 어쩌면 결코 멈출 수 없을지도 모른다. 하지만 하나님은 오늘도 교회가 하나님의 참뜻 즉, 본질에 집중하길 원하신다. 혼란을 주는 비본질적 요소인 놋뱀을 제거하길 원하신다.

나에게는 무엇이 놋뱀인가? 우리의 찬양 가운데 놋뱀과 같은, 하나님 이외의 숭배 요소가 있다면 히스기야가 그랬던 것처럼 과감히 외치고 파괴해야 할 것이다. 그렇지 않으면 언제든지 우리가 그렇게 중요하게 여기는 찬양도 한낱 잡음덩어리에 불과하게 될 것이다.

교회 안에서 자주 듣는 이야기 가운데 이런 말이 있다.

"우리는 지금까지 그렇게 해왔어요. 우리는 이런 스타일로 찬양해왔어요. 나는 이런 스타일의 음악을 좋아해요. 이런 스타일로 찬양을 인도할 때 사람들은 은혜를 경험해요."

하지만 지금까지 해온 스타일이 결국 고정된 형식을 강조하는 놋뱀 느후스단이 되어 본질적인 찬양의 의미를 잊게 만들 수 있다는 것을 기억해야 한다.

능력으로 가장한 머리카락
CHAPTER 5

사사기 13-16장에 등장하는 삼손 이야기는 특별히 찬양인도자와 찬양팀들이 눈여겨보아야 하는 부분이다. 삼손은 날 때부터 나실인으로 하나님께서 구별하셨다. 독주를 입에 대지 말고 머리카락을 자르지 말고 정결함을 유지해야 하는 존재로 택함을 받은 것이다. 우리가 잘 아는 대로 삼손은 들릴라라는 여인의 꾐에 넘어가 머리카락이 잘리고 하나님이 주신 괴력을 상실한다.

사사기 16장 17절 말씀을 보면 "삼손이 진심을 드러내어 그에게 이르되 내 머리 위에는 삭도를 대지 아니하였나니 이는 내가 모태에서부터 하나님의 나실인이 되었음이라 만일 내 머리가 밀리면 내 힘이 내게서 떠나고 나는 약해져서 다른 사람과 같으리라" 하고 고백한다. 삼손의 이 고백은 의미하는 바가 크다.

삼손은 자신의 능력이 하나님께 있다고 믿었을까, 머리카락에 있다고 믿었을까? 19절을 보면 들릴라가 일곱 가닥을 미니 실제로 힘이 빠졌다고 기록되었다. 머리카락을 통째로 민 것도 아니고 단지 일곱 가닥을 밀었을 뿐이다. 그래서 삼손은 자기에게서 힘이 빠져나간 것을 몰랐을 수도 있다. 블레셋 사람이 자고 있는 삼손 앞에 닥쳐왔을 때에도 삼손의 머리에는 수많은 머리카락이 여전히 남아있었다. 일곱 가닥이 일곱 개를 의미하는지 아니면 머리를 묶은 일곱 다발을 의미하는지는 명확하지 않다. 어쨌든 머리카락의 일부분만 잘라내었다.

삼손은 그 머리카락을 믿고 힘을 쓰려고 하지만 괴력은 더 이상 나타나지 않는다. 이상하다고 생각했을 것이다. '머리카락은 여전히 있는데······.' 하나님의 신이 떠나간 것을 알지 못했다. 머리카락만 있으면 괴력이 나타날 줄 알았지만, 삼손의 능력은 머리카락의 많고 적음에 있지 않고 하나님께 속했다.

삼손은 그동안 하나님을 의지하기 보다는 자신의 머리카락을 의지했다. 나실인으로서 하나님이 그 힘을 주셨다는 사실은 알았겠지만 그 힘을 주신 하나님을 더 이상 의지하지는 않았다. 이처럼 하나님이 주신 것을 아는 것과 하나님을 의지하는 것과는 별개의 문제다. 이것은 사사기 13장에서 16장 전반에 걸쳐 드러난다. 삼손이 자신의 힘을 쓸 때 하나님께 기도하거나 간구하는 장면은 거의 등장하지 않는다. 자신이 힘을 쓰고 싶을 때 쓰고 힘을 쓰기만 하면 괴력이 나왔고 그 괴력으로 적들을 충분히 이길 수 있다는 것을 경험적으로 알았다.

그러나 우리는 삼손의 이야기 내내 "여호와의 신이 삼손에게 임하시매"라는 말이 자주 등장하는 것을 볼 수 있다. 이러한 하나님의 임재는 삼손이 하나님을 의지하는 것과는 무관했다. 삼손을 통해 이스라엘을 블레셋에서 구원하시려고 하나님이 주권적으로 일하심을 증거로 보여주신다. 결국 여호와의 신이 임하시는 이유가 삼손 때문이 아니라 이스라엘을 위해서라는 것이다.

하나님의 사람이 되는 것과 하나님이 사용하시는 사람에는 큰 차이가 있다. 삼손의 경우는 어쩌면 '하나님이 사용하시는 사람 삼손'이라는 제목이 더 어울릴 것 같다. 하나님의 사람이란 의미는 쓰임 받는 사람이 자신의 위치를 분명히 알 때, 그리고 사역에 대한 이해와 교제가 있을 때 가능한 일이다. 다윗을 보라. 시 51편의 "나를 주 앞에서 쫓아내지 마시며 주의 성령을 내게서 거두지 마소서(11절)"라는 고백은 "하나님이 없으면 나는 아무것도 아닙니다."라는 전적의지를 고백한 것이다. 그는 이스라엘 왕의 신분이었지만 진짜 왕은 하나님이시고 자신은 하나님의 대리자일 뿐임을 분명히 밝힌 것이다.

반면에 사용하신다는 의미는 그 사람이 자신의 역할이나 스스로의 위치를 인식하지 못하고 있다는 점에서 다르다. 삼손은 여호와의 신에 강권적으로 사로잡혀 괴력을 발휘했지만 그 힘의 중심에 자신이 서 있었다. 자신의 머리카락으로부터 오는 힘이라고 믿은 것이다. 어쩌면 하나님의 사람인 사역자나 하나님이 일시적으로 사용하시는 자나 그 결과는 비슷할 수 있다. 다윗과 삼손 모두 이스라엘을 적으로부터 보호한 지도자였고 그 역할을 잘 수행했다고 평가할 수 있다. 하지만 다윗과 삼손에 대한 하나님의 평가는 분명히 다르리라 생각된다.

사사기 16장 28절에 비로소 삼손이 하나님께 전심으로 기도하는 장면이 나온다.

> 삼손이 여호와께 부르짖어 이르되 주 여호와여 구하옵나니 나를 생각하옵소서 하나님이여 구하옵나니 이번만 나를 강하게 하사 나의 두 눈을 뺀 블레셋 사람에게 원수를 단번에 갚게 하옵소서.

이전의 삼손은 힘을 쓰고 싶으면 언제든지 떨쳐 일어나 괴력을 발휘했다. 하나님의 능력이라고 생각해본 적도 없고 하나님을 의지하지도 않았다. 그러나 이 마지막 고백은 여전히 원수를 갚기 위한 동기도 부분적으로 있지만 그래도 하나님께 도움을 요청한다. "지금까지는 내 힘인 양 살았지만 이제는 하나님으로부터 이 힘이 왔음을 알았사오니 한번만 더 기회를 주십시오." 라는 말처럼 들린다. 그리고 삼손의 인생은 시작에 비해 비참하게 마감된다. 반면 다윗은 하나님의 마음에 합한 자라는 최고의 극찬을 받았다.

우리의 찬양은 혹은 우리가 속한 찬양팀은 하나님과의 친밀함을 토대로한 하나님의 사람들인가 아니면 그저 성도들을 위해 사용하시는 사람들인가? 이 차이는 찬양하는 모습이나 회중의 반응이나 현상으로 구별할 수 있는 것이 아니다. 안타깝게도 본질적인 것은 그렇게 쉽사리 우리 눈에 보이지 않는다. 우리 생각에는 좋은 찬양이고 은혜로운 예배라는 결론이 내려져도 나 자신을 향한 하나님의 평가는 다를 수 있다. 하나님은 우리 존재를 하나님의 사람으로 인정하실 수도 있고 반대로 하나님의 영광을 위해 일시적으로 사용하실 수도 있는 분이다.

오랫동안 찬양 인도를 하면서 나는 내 스스로의 힘만으로도 얼마든지 회중을 은혜로운 분위기로 이끌어 갈 수 있다는 것을 알게 되었다. 그렇게 할 자신감도 있었다. 대중음악이나 클래식 연주도 우리에게 감동을 주는데 하물며 하나님을 높이는 가사에 아름다운 연주가 가미된다면 얼마든지 좋은 분위기를 만들 수 있다. 하나님께서 인간에게 주신 음악적 감성이 있기 때문에 가능한 일이다. 그래서 우리는 두렵게도 삼손이 저지른 실수를 똑같이 할 수 있다. 우리도 찬양을 하며 혹은 찬양팀으로 봉사하며 삼손처럼 머리카락을 의지할 때가 있다. 내게 주신 달란트와 장점을 의지하여 그것을 주신 분을 망각하는 것이다.

  그 중에 우리가 정말 두려워해야 할 것은 그렇게 실수하고 있는 자신을 바라보지 못하는 것이다. 삼손이 그 괴력의 실체가 하나님이셨음을 지속적으로 인식하지 못한 것처럼 우리도 하나님의 임재를 경험하지 못하면서 그렇게 그 자리에 서 있을 수 있다는 말이다. 성공적인 예배와 찬양이 주는 환희에 빠져서 말이다.

  이러한 상황이 반복되도록 그냥 두어서는 안 된다. 이것을 경계하지 못하면 우리는 삼손의 머리카락과 같은 눈에 보이는 잡음에 눌려서 우리의 진정한 도움이 어디서 오는지, 그 본질을 놓치게 되고 결국 하나님께 기쁨을 드릴 수 없다.

  다시 한 번 강조하지만, 우리가 잡음에 맞서려고 노력하지 않으면 잡음에 함몰될 수밖에 없는 연약한 존재임을 잊지 말아야 한다. 능력의 근원을 혼동하면 하나님의 사람으로 하나님을 기쁘시게 할 수 없다. 우리가 잘못 의지하는 삼손의 머리카락은 없는지, 교만에서 나오는 은밀한 잡음을 경계해야 한다.

포도주를 대신하려는 계획
CHAPTER 6

요한복음 2장에는 예수님과 제자들이 가나에서 열린 혼인잔치에 참석하는 장면이 나온다.

> 사흘째 되던 날 갈릴리 가나에 혼례가 있어 예수의 어머니도 거기 계시고 예수와 그 제자들도 혼례에 청함을 받았더니 포도주가 떨어진지라 예수의 어머니가 예수에게 이르되 저들에게 포도주가 없다 하니 (요 2:1-3).

3절을 보면, 그렇게 좋은 날 하필 손님들에게 대접할 포도주가

다 떨어져서 그 잔치를 베푼 주인이 곤란을 겪을 상황이 되었다. 잔치에서 포도주는 기쁨의 상징이고 포도주가 모자란다는 것은 그 기쁨이 곧 끝날 거라는 의미다. 이때 예수님이 물을 변화시켜 최상의 포도주로 만드는 놀라운 기적을 베푸신다.

이 본문은 요한복음에서 예수님이 메시아임을 보여주는 첫 번째 표적이다. 예수님은 우리 인생에 진정한 기쁨을 주시며, 문제 해결자가 되시며, 우리가 상상할 수도 없는 능력을 가진 분임을 제자들과 많은 사람들이 알게 된 사건이었다.

찬양인도자들도 이와 유사한 상황을 경험할 것이다. 주일 예배를 생각해 보자. 찬양 인도로 예배가 시작된다. 그런데 회중의 반응이 썰렁하고 함께 찬양하는 사람도 없고 뭔가 지루한 느낌이 든다. 찬양인도자에게 이 순간은 위기다. 어떻게 해야 이 위기를 극복할 수 있을지 찬양하는 내내 고민이 되고 등줄기에선 땀이 흐른다. 아마도 잔치를 베푼 집주인의 심정이 그랬을 것이다. 포도주는 다 떨어져가고 이제 이 즐거운 분위기도 곧 사라질 것이라는 위기감에 긴장했을 것이다.

하지만 오랫동안 찬양을 인도하다보면 경험적으로 이 위기를 어떻게 극복해야 하는지 이미 알고 있다. 굳이 예수님에게까지 도움을 요청하러 갈 필요도 없다. 무슨 곡을 해야 사람들이 잘 따라하고, 찬양을 지루해할 때는 어떻게 이끌어가야 하는지 이미 알고 있다.

　이것은 마치 포도주가 떨어진 혼인 잔치에 포도주를 대신할 대안을 갖고 있다는 의미다. 누군가가 갑자기 등장해서 잔치에 참석한 사람들 앞에서 흥겹게 노래를 한다거나 춤을 춘다거나 재미있는 쇼를 하는 것으로 포도주를 대체하려고 하는 것과 같다. 그걸로 분위기를 압도할 수도 있고 기쁨을 유지할 수도 있겠지만 잔칫집에 초대된 손님들이 포도주를 원하는 근본적인 욕구는 채울 수 없을 것이다. 다른 것으로 즐거운 분위기를 이끌어가는 것 같지만 포도주가 없어서 생긴 불만은 다른 것으로 채울 수 없다. 그들에게 진정한 기쁨은 포도주로만 채울 수 있다. 이런 대체물들은 결코 포도주가 아니다. 사람들이 원하는 포도주가 생겨나게 하는 그 일은 바로 예수님만이 하실 수 있다.

　우리는 찬양을 할 때 예수님만이 하실 수 있는 일을 인정하지 않을 때가 많다. 주님의 도우심이 필요한 순간에도 그 주님을 대체할 수 있는 나만의 방법을 찾고자 할 때가 많다. 기도하고 도우심을 구해야 하는데 나의 경험과 판단이 우선한다. 내 찬양 사역을 돌아보면, 회중들을 하나님께 더 가까이 인도한다는 명분아래 이런 일들을 얼마나 자주 벌였는지 모른다.

　어느 수련회를 인도할 때의 일이다. 첫 번째 오후집회를 인도하는데, 내 마음에 회중들이 전심을 다해 찬양하지 않는다는 느낌이

들었다. 나는 무언가 방법을 찾아야 했다. 수련회의 하이라이트인 저녁집회도 그런 모습으로 찬양하는 것은 상상하고 싶지도 않았다. 이런 위기를 극복하기 위해 굳이 기도할 필요가 없었다. 어떻게 하면 이 분위기를 뜨겁게 만들 수 있는지, 경험을 통해 직감적으로 머리에 떠오른 생각이 있었기 때문이다.

수련회에 참석한 인원은 약 200여명이었는데 30개 조로 나뉘어 자리가 배치되었고 각 조장과 부조장이 있었다. 나는 오후 집회를 마치고 30명의 조장에게 저녁집회 때 사방에 자리를 지정하고 그 위치에 일어서서 찬양을 하도록 부탁했다. 회중들이 동참할 수 있도록 유도하기 위한 것이었다. 의도는 매우 순수했다. 결과적으로 저녁집회는 뜨겁게 찬양하며 하나님 앞으로 나아가도록 진행되었고 많은 은혜가 있었다.

과연 내가 구상한 계획이 성공한 걸까? 조장 30명을 세운 것이 효과를 나타낸 걸까? 아니다. 그 당시 나는 내가 세운 계획이 성공적인 결과를 가져왔다고 생각했다. 하지만 은혜는 하나님으로부터 오는 것이지 조장을 세운 인간의 계획에 의한 것이 아니다. 아마 다시 나에게 그런 상황이 주어진다면 절대로 그런 결정은 내리지 않을 것이다. 그 순간 주님이 하실 수 있는 일을 위해 기도하며 하나님만이 하실 수 있는 역사를 기대하고 성령 충만을 구하며 나아갈 것이다. "예수님만이 하실 수 있습니다."라고 전적으로 의지하며 나아갈 것이다.

포도주를 대체하려던 우리의 계획이 성공적으로 끝났을 때 우리는 점점 더 깊은 수렁으로 빠져든다. 잘되고 있기 때문에 하나님을 구하지 않는다. 썰렁한 찬양 분위기를 열정적으로 바꾸기 위해서 더 이상 예수님이 등장하실 필요가 없다. 우리 주변에 찬양을 도울 조장이 있고, 싱어가 있고, 연주자가 있고, 음향 담당자가 있고, 자막 담당자가 있으면 되는 것이다. 얼마든지 훌륭하게 찬양을 만들어 갈 수 있다. 하지만, 하나님은 어떻게 평가하실까?

우리가 지금까지 살펴본 잡음들이 왜 은밀한 속성을 지녔는지 알겠는가? 바로 겉보기에 그럴듯하기 때문이다. 그렇기 때문에 성경에 비추어 우리를 철저하게 점검하지 않으면 안 된다. 대체물을 찾으려는 우리의 여러 가지 생각들은 결국 잡음으로 작동하여 하나님을 온전히 바라보지 못하게 가리며 '하나님만이 하실 수 있는 일'을 망각하도록 만들 수 있다. 자신이 분위기를 이끌어가려는 노력을 내려놓아야 한다. 우리의 생각이 예수님이 하시려는 일을 앞서가지 않도록 해야 한다. 이 대체물로부터 나오는 은밀한 잡음을 철저히 막도록 기도하는 영성을 키워야 한다.

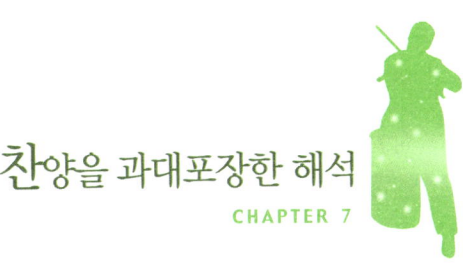

찬양을 과대포장한 해석
CHAPTER 7

    찬양과 관련된 서적을 읽어보면 '예배'나 '경배' 그리고 '찬양'이나 '송축'과 같은 단어의 성경 원어가 어떤 의미를 갖고 있는지에 대해 자세히 설명된 경우가 많다. 이런 단어가 등장하는 성경구절을 예로 들어 그 의미를 더 깊이 설명하기도 한다. 그런데 간혹 깊이 설명하기 위해 성경 전체에서 보여주는 큰 그림이 빠졌다는 생각이 든다.

    성경에 등장하는 단어 하나하나의 의미를 아는 것은 그 단어가 가진 본질을 아는 데 큰 도움이 된다. 하지만 숲을 보고 나무를 봐야 하는 성경해석이 유독 찬양에 대해서만큼은 관대한 것 같다. 찬양이라는 단어가 들어간 성경구절은 그저 그 한 구절만을 떼어서 해석해도 아무런 문제를 제기하지 않는다.

그리스도인에게 찬양이 좋은 것이라는 데 이의를 제기할 사람은 아무도 없다. 예배 시간에 찬양하는 것은 당연하고 반드시 해야 하며 찬양이 하나님을 예배하는 가장 중요한 요소라는 데 반대할 사람이 누가 있겠는가. 예배가 곧 찬양이라는 비약적 논리까지 서슴지 않는 것이 현실이다. 어쩌면 그만큼 찬양에 대해서 무조건적으로 비판 없이 수용한다는 뜻이다.

다윗에 관한 말씀이 대표적으로 오해되는 본문이다.

다윗이 수금을 탈 때 사울 왕의 악령이 떠나갔다는 본문을 인용하여 찬양에 귀신을 물리치는 능력이 있다고 결론을 내리는 것이 가장 대표적인 예다. 많은 강의와 책에서 찬양 능력을 이야기할 때 빠지지 않는 이야기 중 하나다. 물론 부분적으로 맞는 말이다. 그러나 이것을 전부로 생각하여 이 성경구절을 근거로 귀신들린 사람이 있으면 찬양을 많이 하라고 가르친다면 찬양의 본질을 잘못 이해하는 우를 범할 수 있다.

하루에 적어도 20곡씩 찬양을 하면 영이 맑아진다는 이야기도 들은 적이 있다. 찬양이 악한 영을 막는다고 생각하는 것 같다. 하지만 이런 이야기들은 맞을 수도 있고 틀릴 수도 있다. 경우에 따라 다르다. 보편적인 진리는 경우에 따라 달라지지 않는다. 상황에 따라 달리 적용될 수 있는 내용을 보편적인 진리로 강조하는 순간 그것이 전부인 것처럼 착각하기 쉽기 때문이다.

찬양을 과장 확대해석함으로써 찬양의 본질을 왜곡할 위험이 얼마나 큰지 모른다. 찬양의 본질은 간과한 채 그저 능력만 강조하게 되기 때문이다. 이렇게 되면, 찬양은 오히려 하나님과의 만남을 방해하는 또 하나의 잡음과 우상으로 전락해서 우리 신앙생활을 괴롭히게 될 것이다. 찬양을 '신비한 효과'로 생각하도록 우리를 옭아맬 것이다.

바울과 실라가 찬양할 때 옥문이 열린 사건도 찬양의 효과를 증명하기 위해 자주 등장하는 이야기 중 하나다. 사도행전 16장 25-26절을 보자.

> 한밤중에 바울과 실라가 기도하고 하나님을 찬송하매 죄수들이 듣더라 이에 갑자기 큰 지진이 나서 옥터가 움직이고 문이 곧 다 열리며 모든 사람의 매인 것이 다 벗어진지라.

본문에서 바울과 실라는 감옥에 갇혀 있다. 어려운 상황에서도 그들은 기도하고 하나님을 찬미하였다. 이때 갑자기 지진이 일어나고 땅이 흔들리면서 감옥 문이 열렸다.

우리는 26절의 '이에'라는 단어를 잘못 해석하는 경우를 종종 본다. 기도와 찬미를 드렸기 때문에 이런 기적 같은 일이 생겼다는 것이다. 그리고 이 본문을 찬양의 능력으로 인용하기를 주저하지 않는다. 그러나 바울과 실라는 옥문을 열어달라고 기도하거나 빨리 이곳에서 탈출하기 위해서 찬양한 것이 아니다. 성경 어디에도 그런 이야기는 없다. '이에'라는 단어는 '그러한 이유에서'라는 뜻이 아니다. 원문에는 기도하고 찬미할 때 '갑자기(suddenly, NLT)' 기적과 같은 일이 생긴 것으로 묘사하고 있을 뿐이다.

똑같은 상황을 묘사한 사도행전 5장 19절을 보라. 베드로가 예수 그리스도의 복음을 능력 있게 전파하다가 수감되는 장면이다. 베드로는 기도하거나 찬양하지 않았다. 하지만 하나님이 보내신 사자가 옥문을 열었다. 이런 기적적인 일은 우리가 어떤 방법을 취했기 때문에 발생하는 역사라기보다는 하나님이 주권을 행하셔서 일어나는 사건이다. 하나님의 목적 속에 베드로와 바울이 필요했기 때문에 그곳에서 나올 수 있게 하신 것이다. 물론 바울과 실라가 옥에 갇혔을 때의 태도는 본받아야 한다. 하지만 옥문을 여는 능력으로 해석할 경우 찬양을 기능적으로 전락시킬 우려가 있다.

성경을 확대해석하는 오류는 여호사밧의 찬양대를 통해서도 자주 드러난다. 역대하 20장 15-22절을 말씀을 보자.

야하시엘이 이르되 온 유다와 예루살렘 주민과 여호사밧 왕이

여 들을지어다 여호와께서 이같이 너희에게 말씀하시기를 너희는 이 큰 무리로 말미암아 두려워하거나 놀라지 말라 이 전쟁은 너희에게 속한 것이 아니요 하나님께 속한 것이니라 내일 너희는 그들에게로 내려가라 그들이 시스 고개로 올라올 때에 너희가 골짜기 어귀 여루엘 들 앞에서 그들을 만나려니와 이 전쟁에는 너희가 싸울 것이 없나니 대열을 이루고 서서 너희와 함께 한 여호와가 구원하는 것을 보라 유다와 예루살렘아 너희는 두려워하지 말며 놀라지 말고 내일 그들을 맞서 나가라 여호와가 너희와 함께 하리라 하셨느니라 하매 여호사밧이 몸을 굽혀 얼굴을 땅에 대니 온 유다와 예루살렘 주민들도 여호와 앞에 엎드려 여호와께 경배하고 그핫 자손과 고라 자손에게 속한 레위 사람들은 서서 심히 큰 소리로 이스라엘 하나님 여호와를 찬송하니라 이에 백성들이 아침에 일찍이 일어나서 드고아 들로 나가니라 나갈 때에 여호사밧이 서서 이르되 유다와 예루살렘 주민들아 내 말을 들을지어다 너희는 너희 하나님 여호와를 신뢰하라 그리하면 견고히 서리라 그의 선지자들을 신뢰하라 그리하면 형통하리라 하고 백성과 더불어 의논하고 노래하는 자들을 택하여 거룩한 예복을 입히고 군대 앞에서 행진하며 여호와를 찬송하여 이르기를 여호와께 감사하세 그의 인자하심이 영원하도다 하게 하였더니 그 노래

> 와 찬송이 시작될 때에 여호와께서 복병을 두어 유다를 치러 온 암몬 자손과 모압과 세일 산 주민들을 치게 하시므로 그들이 패하였으니.

이 말씀은 매우 감격스러운 광경을 보여준다. 하나님이 친히 이 전쟁은 하나님께 속하였다고 말씀하시면서, 사람들은 싸울 것이 없고 단지 하나님이 어떻게 전쟁에서 승리하는지를 '보라'고 말씀하신다. 우리 인간의 편에서는 아무것도 할 것이 없다. 다만 해야 할 일은 전쟁터로 나가서 그저 보고만 있으면 된다. 전쟁을 시작하는 당일, 여호사밧은 노래하는 자를 택하여 앞서 보내고 찬송을 시작한다. 찬양대를 조직하는 것은 하나님께서 명하신 일이 아니었다. 하지만 여호사밧은 찬양대를 조직하였고 그 이유는 정확히 나와 있지 않다.

이 본문이 감동적인 건 사실이지만, 이 본문을 확대해석해서 찬양대의 찬양으로 하나님이 이스라엘에게 승리를 주셨다는 식의 해석은 위험한 것임을 강조하고 싶다. 22절에 "그 노래와 찬송이 시작될 때에"라는 구절을 확대해석하여 찬양의 능력을 강조한다면, 그것은 성경전체에 대한 내용을 간과한 채 부분만 보는 오류를 범하게 된다.

하나님은 찬양대를 요구하지 않으셨고 그 찬양대에 의해서 승리를 주시는 분도 아니다. 하나님은 그냥 서서 보라고 하셨다(대하 20:17). 하나님께서 그들의 찬양을 기뻐하셨다면 그것은 이미 승리를 주신 하나님에 대한 승리의 선포였기 때문일 것이다.

여기서 중요한 선후관계가 드러난다. 찬양을 했기 때문에 승리가 온 것이 아니다. 역대하 20장 8-9절을 보면 여호사밧은 하나님께 솔로몬이 드렸던 성전 완공식 때의 약속의 기도에 근거하여 하나님께 기도하였다. 그리고 하나님은 그에 대한 응답으로 승리를 약속하신 것이다. 찬양과 무관하게 하나님만이 승리를 주실 수 있는 분이라는 사실을 하나님 스스로 증명하신 사건이다. 이스라엘 백성은 그분이 이미 주신 승리를 믿고 찬양으로 선포했다. 무엇이 먼저이고 무엇이 나중인지 순서가 바뀌는 순간 찬양은 전쟁에서 승리하기 위한 도구로 전락해 버린다. 찬양은 승리를 이끌어내는 도구가 아니라 이미 주신 승리의 결과로부터 터져 나오는 극히 자연스러운 선포이고 믿는 자의 태도인 것이다.

하나님의 전략은 무궁무진하다. 여리고성 함락사건을 기억해보라. 그들은 그저 여리고성을 침묵함으로 돌고 또 돌았을 뿐이다. 그리고 칠일 째 되는 날 일곱 바퀴를 더 돌고 큰 소리로 "이 성을 우리에게 주셨다"라고 외쳤을 뿐이다. 이스라엘 백성의 외침에는 아무 능력이 없다. 하나님의 전략에 순종한 결과일 뿐이다. 여리고는 이스라엘의 외침 때문이 아니라 하나님의 능력으로 무너졌다.

가나안을 정복하는 과정에서 이러한 전략은 더 이상 등장하지 않는다.

우리는 이와 같은 성경을 보면서 하나님의 '신묘막측' 하심을 찬양 한다. 어떻게 하면 나도 저렇게 기적을 일으킬까에 초점을 맞추는 것이 아니라, 우린 알 수 없지만 하나님이 놀랍게 일하시는 것을 보며 그 분을 찬양한다. 이것이 성경이 우리에게 주는 메시지다.

더 나아가서 이스라엘의 마지막 외침은 여리고성을 무너뜨리기 위한 외침이 아니라 이미 주신 승리의 함성이었을 것임에 분명하다. "하나님 무너뜨려주세요!"라는 외침이 아니라 "하나님 승리케 하심을 믿습니다!"라는 선포였을 것이다. 이것이 찬양의 본질이다.

우리는 찬양이 주는 유익을 따질 때가 있다. 사사시대의 엘리 제사장이 하나님의 법궤를 전쟁을 이기기 위한 수단으로 여겼던 것처럼, 우리도 찬양을 하나님을 모셔오는 수단으로 사용하려고 한다는 것이다. 이런 교만이 성경을 과장되게 만들고 그것이 진리의 모습을 하고 우리 안에 은밀한 잡음으로 작동한다. 아무런 판단 없이, 찬양은 좋은 것이고 찬양만 하면 좋은 일이 생길 것이라고 믿는 것은 매우 위험하다. 찬양은 우리가 원하는 것을 얻어내기 위한 도구가 아니다. 하나님이 이미 이루신 일을 감사하며 또한 하실 일을 기대하는 자연스러운 반응이다.

화려하게 보이려는 백향목
CHAPTER 7

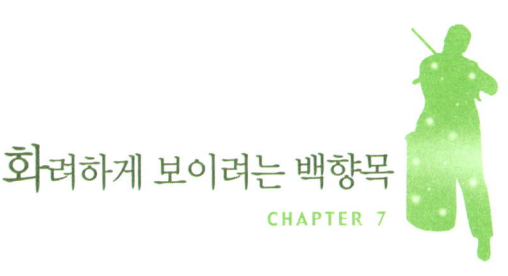

　　　　　　성경에서 하나님을 찬양한 대표적인 인물을 뽑으라면 당연히 다윗일 것이다. 시편의 다수를 불렀고 찬양대를 조직한 인물이기 때문이다. 많은 시가 사울 왕에게 쫓길 때 쓴 글이라는 것도 잘 알려졌다. 물론 다윗이 왕이 된 후에 부른 노래도 많다. 다윗의 찬양시를 보면 중요한 사실을 발견할 수 있다.

　사울 왕에게 쫓기던 시절 아둘람 굴에서 도망자 신세일 때의 찬양과 왕이 된 후의 찬양에 차이가 없다는 것이다. 상황과 내용은 바뀌었으나 그 중심에 하나님을 향한 감사와 신뢰가 가득 담겨져 있다는 점은 동일하다.

역대상 17장 4-6절에 하나님은 다음과 같이 다윗에게 말씀하신다.

> 가서 내 종 다윗에게 말하기를 여호와의 말씀이 너는 나의 거할 집을 건축하지 말라 내가 이스라엘을 애굽에서 올라오게 한 날부터 오늘날까지 집에 있지 아니하고 오직 이 장막과 저 장막에 있으며 이 성막과 저 성막에 있었나니 이스라엘 무리와 더불어 가는 모든 곳에서 내가 내 백성을 먹이라고 명령한 이스라엘 어느 사사에게 내가 말하기를 너희가 어찌하여 내 백향목 집을 건축하지 아니하였느냐고 말하였느냐 하고.

다윗은 하나님 앞에 미안한 마음으로 하나님을 위한 집을 짓겠다고 제안했다. 자기 자신은 백향목으로 지은 화려한 궁궐에 있는데 하나님은 보잘것없는 휘장 안 법궤에 거한다고 생각하니 너무 송구스러웠던 것이다. 하지만 하나님은 이스라엘 백성에게 하나님의 집을 귀한 백향목으로 지으라고 하신 적이 없다고 말씀하신다. 우리는 종종 하나님도 화려하고 좋은 곳에 거하셔야 한다고 생각하는 것 같다. 찬양도 가장 좋은 음향과 노래와 연주로 해야 한다고 생각한다. 그러나 하나님이 다윗을 기뻐하셨던 것은 변치 않는 마음이었다. 쫓겨 다니며 아둘람 굴에 머물 때에나 왕이 된 이

후에나 다윗은 변함없이 하나님을 찬양했다.

하나님은 그런 다윗이 굳이 백향목 집을 지어드리겠다고 한 이유를 아셨다. 더 좋은 것을 드리고 싶은 다윗의 그 중심을 아셨다. 그러나 하나님은 다윗이 백향목 집을 지어드리지 않아도 개의치 않는 분임을 알려주신다.

아마 우리 찬양에 가장 훌륭하고 멋진 노래와 연주를 드리려는 노력이 있다면 하나님은 기뻐하실 것이다. 하지만 그렇지 않더라고 하나님은 거기에 실망하시는 분이 아니다. 우리가 점검해보아야 할 부분이 이것이다. 하나님은 우리가 가장 최상의 것을 드리려는 중심을 기뻐하시는 것이지 최상의 것 그 자체에 관심이 있으신 분이 아니시라는 것이다. 이 사실을 망각할 때 우리는 최상의 연주, 최상의 노래, 최상의 음향이라는 외형에 빠져 찬양의 본질을 상실하게 될 위험이 있다.

상황과 형편은 달라질 수 있다. 그 변화에 따라 우리 찬양의 모습도 달라질 수 있다. 하지만 변해서는 안 되는 것, 바로 그 본질을 잡으면 하나님을 기쁘시게 할 수 있다. 다윗이 그랬던 것처럼 말이다.

15년 전 즈음, 나는 작은 개척교회에서 찬양을 인도했었다. 금요 철야 예배에 50여명 정도 모였고, 의자도 아닌 방석을 깔고 자리에 앉아서 예배를 드렸다. 예배에 참석한 성도는 어른과 청년이 반반 정도의 비율이었다. 설교말씀을 듣기 전 30분 동안 앞에서 찬양인도를 했다. 피아노 한 대와 내가 들고 있는 기타가 악기의 전부였다. (나중에는 피아노 대신 20여 만원을 주고 중고 키보드를 샀다.) 그리고 OHP 필름에 가사를 담아 성도들에게 보여주었다.

나는 미리 찬양할 곡을 고르지 않았다. 피아노 반주자도, OHP 담당자도 무슨 곡을 할지 미리 알 수 없었다. 그렇게 찬양이 시작되었다. 찬양은 뜨거웠고 무슨 곡을 하든지, 악기의 연주소리가 어떻든지, 인도자의 노랫소리가 어떻든지 하나님을 찬양하는 데 방해되지 않았다.

그 당시는 이미 대형 교회의 경배와 찬양이 많이 알려졌고 그런 사운드가 귀에 익숙한 때였다. 허술한 개척교회와 잘 갖춘 대형 교회의 찬양은 틀림없이 달랐다. 하지만 본질은 같았다. 다른 것은 환경과 악기의 음질이었다.

이처럼 환경과 사운드는 얼마든지 변할 수 있다. 그리고 그것은 비본질적 요소다. 그러나 모두 하나님만 바라보며 노래한다는 것만큼은 똑같다. 이것이 변해서는 안 된다. 이것이 찬양의 본질이다. 하나님만 바라보면서 하나님께만 온전한 영광을 돌리는 것이 본질이다.

몇 년이 지난 뒤 그 개척교회는 성도가 500여 명이 되는 중형교회로 건강하게 성장했다. 그 때부터 찬양의 모습이 바뀌기 시작했다. 나부터 이전보다 필요한 것이 많아졌다. 규모에 맞는 찬양을 하기 위해 필요한 것이 많았다. 싱어도 보강해야 했고, 악기도 더 많이 필요했다. 물론 악기를 연주할 사람도 더 필요했다. 싱어와 연주자가 많아지자 미리 곡을 선곡해야 했고 연습도 필요했다. 하지만 왜, 누구를 위해서 이런 것들이 필요했던 걸까를 이제 와서 생각해보니 여러 이유가 있었겠지만, 하나님은 그런 것 없이도 이미 우리의 찬양을 받으셨다고 믿는다. 물론 그런 여러 가지 필요를 채우고 난 후의 찬양도 받으셨다고 믿는다. 중요한 것은 겉치레와 구색이 아니기 때문이다.

앞에서도 잠깐 언급했지만 '있어도 그만 없어도 그만'인 것은 비본질적 요소다. 하나님은 비본질적 요소에 감동하시는 분이 아니다. 악기가 1대이건 10대이건 그런 비본질적 요소로는 하나님의 마음을 억지로 움직일 수 없다는 말이다. 환경의 변화에 따라 비본질적 요소는 변할 수 있다. 하지만 하나님을 사랑하는 첫 마음을 잃어버리면 모든 것을 잃어버리는 것이다. 그때는 백향목 집을 열심히 지어도, 최상의 연주를 할지라도, 아름다운 노래를 부른다 해도 하나님은 기뻐하시지 않을 것이다. 찬양하는 장소가 광야든 백향목으로 지은 아름다운 성전이든 하나님은 오직 우리의 변함없는 사랑을 원하실 뿐이다.

Pure Praise

3 어허, 찬양에서 잡음을 빼라!

숨어 있는 잡음을 걸러내라
CHAPTER 9

　　　　　　　　요즘은 한약을 한의원에서 기계로 달여서 주지만, 내가 어렸을 때만 해도 집에서 달여 먹은 기억이 난다. 어머니는 한약 한 첩을 다릴 때에 약재에 물을 붓고 오랜 시간 정성을 다해 다린 후에 마시기 편하도록 삼베로 약재 찌꺼기들을 걸러내곤 하셨다. 말하자면 그 삼베가 필터인 셈이었다. 지금 우리 시대로 말하면, 원두커피를 거르는 종이 거름망이라고 할까?

　필터는 우리가 원하는 것만 적절하게 걸러내는 역할을 한다. 이 필터가 없다면 한약이든 원두커피든 마실 때 상당히 불쾌할 것이 분명하다. 아마도 한약과 커피가 얼마나 깨끗하게 걸러지는가는 그 필터의 성능이 좋은가에 따라서 결정된다고 해도 과언은 아닐 것이다.

잡음과 반대되는 결과를 가져오는 것이 바로 이 필터. 이 필터를 통해 찌꺼기와 불필요한 것들은 걸러지고 꼭 필요한 중심만 남게 된다.

하나님은 언제나 우리의 중심을 보신다. 그렇기에 하나님이 기뻐하시는 찬양은 중심이 하나님으로 가득한 찬양이다. 중심(中心)은 다른 말로 표현하면 전심(全心)이기도 하다. 전심으로 찬양한다는 말은 나의 모든 것 즉, 내가 가진 100%를 기꺼이 드린다는 뜻이다.

다니엘서에 하나님께서 우리의 전심을 얼마나 중요하게 생각하시는가를 분명히 보여주는 말씀이 있다. 다니엘 5장에 "메네 메네 데겔 우바르신"이란 말이 나오는데, 이 말은 "하나님께서 무게를 재어보셨는데 무게가 모자라다."라는 뜻이다. 하나님은 이처럼 하나님께만 100% 마음이 가 있는지 무게를 살피신다고 해석할 수 있다. 결국 이런 평가를 받은 벨사살 왕은 죽음을 당한다.

인간인 우리는 하나님을 향한 전심 즉, 100%의 순도를 유지할 수 없는 연약한 인간이기에 항상 우리에게 다가오는 불순물들을 경계하고 하나하나 제거하는 노력을 끊임없이 해야 한다. 이렇게 순도를 낮추는 잡음을 필터처럼 걸러내기 위해서 가장 먼저 해야 할 일은 무엇일까. 바로 내 찬양에도 잡음이 들어올 수 있음을 인정하는 것이다.

때때로 "개척교회는 찬양이 시원치 않고, 대형교회는 찬양이 좋다."라거나 혹은 반대로 "대형교회는 너무 겉멋에 치우쳤고, 개척교회는 영성이 있다."라는 말을 한다. 하지만 그것은 중요하지 않다. 개척교회든 대형교회든 하나님을 향하는 마음의 순도를 낮추는 요소가 있다면 그것을 과감하게 포기하는 것이 중요하다. 때로는 그것이 찬양연습이라고 할지라도 포기해야 할 때가 있다. 그 연습이 예배를 방해하는 잡음이 된다면 말이다.

우리가 정말로 힘쓰고 애써야 하는 것은 '어떻게 하나님을 찬양할 것인가' 가 아니라 온전한 찬양을 드리려고 애쓴 요소들이 오히려 '잡음이 되지는 않은가' 를 철저하게 찾아내는 것이다. 그것을 먼저 인정하고 고쳐나가는 용기가 필요하다.

* 우리의 찬양은 너무 연주에 치우치지 않은가?
* 화음에 지나치게 집중하지는 않는가?
* 사람의 많고 적음에 좌우되지는 않은가?
* 우리에게 찬양연습이 주는 유익은 무엇인가? 혹시 그 안에 문제는 없는가?
* 찬양이 너무 화려함에 치우치지는 않는가?
* 찬양만능주의에 빠져서 찬양이 신앙생활의 전부인 것처럼 살고 있지는

않은가?

* 우리 찬양팀은 강요당하고 있지 않은가?

이와 같은 질문들을 던지며 스스로 점검해야 한다. 인간은 경계하고 점검하지 않으면 실수하는 연약한 존재다. 우리 찬양 가운데 자기도 모르게 스며들어온 은밀한 복병들을 찾아내는 일을 게을리 하면 하나님이 받으실만한 충분한 무게, 높은 순도의 찬양으로 나아가기는 불가능할 것이다.

찬양에 대한 편견을 깨라
CHAPTER 10

* 혹시 최근에 찬양하다가 연주나 노래가 시끄럽게 느껴지거나 영적으로 피곤하게 느껴진 적이 있는가?
* 찬양을 하면 할수록 더욱 답답함을 경험해 본적이 있는가?
* 예배하거나 찬양할 때 우리의 고백이 하나님께 온전히 상달되고 있는지 의심해 본 적이 있는가?

이 질문에 '예'라고 대답한다면 영적인 필터가 필요하다. 요즘 교회를 보면서 찬양은 무조건 해야 하는 것이고 무조건 좋은 것이라는 착각에 사로잡혀있다는 인상이 들곤 한다. 하지만, 아모스의 말씀은 이 시대에 찬양하는 우리 모두에게 조금 다른 메시지를 전해준다.

> 네 노래 소리를 그칠지어다. 네 비파 소리도 내가 듣지 않겠다 (암 5:23).

개인적으로 나에게 이 말씀은 마치 하나님의 절규처럼 들린다. "제발, 제발, 제발 너의 연주와 노래를 그만하면 안 되겠니?"라는 울부짖음처럼 말이다. 하나님은 우리가 노래하는 소리를 무조건 좋아하시는 분이 아니라고 하신다. 아무리 아름다운 음악소리도 하나님께 듣기 싫은 소리가 될 수 있다고 하신다. 이스라엘 백성은 분명히 하나님을 향해서 찬양했고 연주했지만 그 안에는 수많은 잡음과 불순물들이 들어있었다. 우리는 이 불순물들이 이스라엘 백성의 죄악 때문이라는 것을 잘 안다. 입술로만 하는 찬양이지 마음은 떠났다는 것도 잘 안다.

혹시 이 말씀에 나오는 하나님의 책망이 그 당시 이스라엘 백성에게만 해당하는 문제라고 생각하는가. "도대체 얼마나 잘못했으면 하나님께서 찬양소리를 거부하실까. 난 저렇게까지 하나님 앞에 잘못한 것은 없어."라고 단순하게 생각하며 말이다. 마치 우리의 찬양만큼은 하나님께서 반드시 받으실 것이라는 착각에 빠져 있는 듯하다. 하지만 아모스의 말씀을 보면 '하나님이 받지 않는 찬양'이 있다는 것을 알 수 있다. 우리도 예외일 수는 없다. 찬양이라고 무조건 하나님이 들으실 거라는 편견을 깨야 한다.

  노랫소리가 우리 귀에 좋게 들리고, 연주가 완벽하다고 해도 하나님은 그러한 소리에 현혹되시는 분이 아니다. 혹은 그 가사가 구구절절 하나님을 높이는 내용으로 가득 채워져 있을지라도 하나님은 그 읊조리는 노래와 가사에 속는 분이 아니다. 우리가 매일 하나님을 찬양하는 노래를 많이 한다고 해서 하나님이 기뻐하시는 것은 아니다. 가능한 한 신속하게 잡음을 제거하고 보다 순도 높은 찬양으로 나아갈 수 있도록 조치를 취해야 한다. 어떤 잡음들이 하나님께 상달되어야 할 찬양을 방해하고 있는지 점검해야 한다. 나 스스로가, 우리 찬양팀이, 그리고 우리 교회가 깨끗하게 정제된 찬양으로 나아가기 위해서 무엇이 필요한가를 성경적 진리 위에서 찾아야 한다. 하나님이 기뻐하시는 노래가 무엇인지 발견해야 한다.

인간적인 욕심을 내려놓아라
CHAPTER 11

　우리가 찬양 안에 은밀히 들어온 잡음들을 발견하고 그것들을 제거하기 위해서는 먼저 마음을 비워야 한다. 우리에게 있는 인간적인 욕심들을 내려놓아야 한다. 특별히 찬양 인도자(찬양 리더뿐만 아니라 모든 찬양팀 구성원을 지칭함)들은 이러한 위험에 가장 많이 노출되어 있다. 대부분의 회중찬양은 찬양 인도자들의 영향력이 많이 작용한다. 인도자가 원하는 대로 진행된다고 해도 과언이 아니다.

　인도자는 하나님과 회중들을 연결하는 다리 역할을 한다. 잡음으로 가득 찬 인도자는 결코 하나님과 회중을 온전히 연결할 수 없다. 그렇기 때문에 인도자에게 요구되는 가장 중요한 요소가 바로 투명함이다. 투명할수록 하나님과 회중은 온전한 커뮤니케이션을 할 수 있다. 이 투명성은 인도자에게 뿐만 아니라 우리 모든 성도들이 하나님께 나아갈 때 필요한 요소다. 사무엘상 16장 14-18절 말씀에 나타난 다윗을 주의 깊게 살펴볼 필요가 있다.

> 여호와의 영이 사울에게서 떠나고 여호와께서 부리시는 악령이 그를 번뇌하게 한지라 사울의 신하들이 그에게 이르되 보소서 하나님께서 부리시는 악령이 왕을 번뇌하게 하온즉 원하건대 우리 주께서는 당신 앞에서 모시는 신하들에게 명령하여 수금 잘 타는 사람을 구하게 하소서 하나님께서 부리시는 악령이 왕에게 이를 때에 그가 손으로 타면 왕이 나으시리이다 하는지라 사울이 신하에게 이르되 나를 위하여 잘 타는 사람을 구하여 내게로 데려오라 하니 소년 중 한 사람이 대답하여 가로되 내가 베들레헴 사람 이새의 아들을 본즉 수금을 탈 줄 알고 용기와 무용과 구변이 있는 준수한 자라 여호와께서 그와 함께 계시더이다 하더라.

사울 왕이 악령에 사로잡혀 괴로워하고 있을 때 다윗이 사울 왕 앞에 서서 음악을 연주하는 장면이 나온다(삼상 16:23). 다윗이 목동이었음에도 불구하고 연주를 위해서 사울 왕 앞에 선 것을 보면 아마도 그는 많은 사람들에게 음악을 잘하는 자로 이미 알려져 있었던 것 같다. 다윗이 수금으로 연주를 하자 악령이 떠나간다.

그런데 과연 그 당시에 다윗보다 연주를 더 잘하는 사람이 없었을까? 다윗이 이스라엘에서 가장 뛰어난 음악가였을까? 왜 사울왕은 한낱 목동이었던 다윗을 불러와서 연주하게 했을까? 두 사람의 영은 이미 극명하게 대치되어 있었다. 사무엘상 16장 13절은 다윗에게 여호와의 영이 강하게 임재함을, 14절은 사울에게 여호와의 영이 떠나고 악한 영이 임재함을 보여준다. 다윗이 사울 왕을 사로잡은 악령이 떠나게 해달라는 목적으로 악령을 대적하는 특별한 연주를 하지는 않았을 것이다. 늘 그랬듯이 자신을 인도하시며 보호하시는 하나님을 찬양하기 위해 진심으로 힘껏 연주했을 것이다. 그에게는 음악을 이용해서 무언가를 이루려는 특별한 의도가 없었다. 사울 왕 앞에서 하나님께서 주신 달란트를 활용해서 그리고 하나님이 주신 영감대로 빈 마음으로 아름다운 음악을 연주했을 것이다.

그 자리에 있던 많은 사람들은 다윗을 보면서 어떤 생각이 들었을까. "목동 출신이 어떻게 저렇게 음악을 잘 연주할 수 있지?" "저건 하나님의 신에 사로잡혔기 때문에 가능한 일이야." 나도 여기에 동의한다. 사울의 신하가 "여호와께서 그와 함께 하시더이다"라고 고백했으니 말이다. 사울 왕과 그 주변 사람들 그리고 이스라엘의 많은 사람들은 다윗이 하는 연주를 보면서 하나님의 영이 그와 함께하심을 고백했다. 다윗에게 그런 연주를 가능케 하는 분이 하나님임을 알았다.

우리는 찬양을 통해서 하나님의 영이 함께하심을 증명하는가? 주변 사람들이 다윗에게 보였던 반응을 우리에게도 보이는가? 아니면 하나님의 임재와는 무관하게 우리가 찬양을 만들어가지는 않는가? 다윗처럼 하나님께서 주신 달란트와 임재에 의지하여 찬양하는가? 아니면 사울을 번뇌케 한 악령을 몰아내겠다는 방법적 의도로 하나님을 찬양하는가?

나는 찬양에 능력이 있어서 악령을 몰아낼 수 있음을 경험적으로 알고, 또 믿는다. 하지만 그것은 자연스럽게 얻어지는 결과지 찬양의 목적은 아니다. 나도 한때는 그 결과에 빠져 참된 찬양의 목적을 놓친 적이 있었다. 보이는 결과가 좋아도 결국 그 때문에 본질을 놓치게 되었다.

우리는 언제나 다윗처럼 찬양해야 한다. 그는 오로지 찬양으로 하나님을 나타내기 위해 최선을 다했다. 다윗에게는 철저하게 하나님만 보이고 자신의 존재는 낮추는 투명함이 있었다.

청년시절에는 찬양을 하다가 내가 계획한 대로 인도되지 않을 때 내 안에서 분노가 일어나는 것을 자주 경험했다. 그리고 그 분노를 정당화하는 데 익숙했다. 연습한대로 연주가 되지 않거나 싱어들의 음정이 떨어지거나 회중들이 뜻한 대로 반응하지 않는 상황들은 나를 화나게 만들기에 충분했다. 왜 그랬을까? 나를 드러내는 일에 관심이 많았기 때문이다. 내가 세운 목적대로 찬양이 인도되지 않았기 때문이다.

이처럼 찬양을 할 때 특별한 목적을 두는 것은 때로 잡음이 될 수 있다. 다윗처럼 빈 마음으로 연주하고 노래하여 하나님을 드러내는 데 최선을 다하는 것, 그것이 본질이다.

유리 없는 창문이 되어라
CHAPTER 12

나는 밤에 잠잘 때마다 문단속을 철저히 하는 습관이 있다. 창문도 예외가 아니다. 밖에서 도둑이 침입하지 못하도록 창문에 달린 고리를 꼭 잠근다. 그러면서 이렇게 잠글 바에야 차라리 창문을 없애고 튼튼한 벽을 만들면 되지 않을까 잠깐 생각해본다. 하지만 창문이 벽이라면 정말 그 답답함은 이루 말할 수 없을 것이다. 밖을 전혀 볼 수 없으니 말이다. 그곳을 통해 햇빛이 환하게 들어오고 별도 따사로이 내려앉는다. 이처럼 창문은 단절만이 아니라 밖의 풍경을 볼 수 있도록 연결해주는 통로다.

이제 창문에서 유리를 제거한다고 상상해보자. 어떤 역할이 사라지는가? 그렇다. 바로 집안과 밖을 막고 있던 단절의 역할이 사라진다. 이젠 밖에서 사람들 소리도 들리고, 불어오는 시원한 바람도 느낄 수 있다. 도둑 걱정은 잠시 내려놓자. 이 이야기는 하나님과 우리 사이에 놓인 통로를 이해하기 위해서 드는 예화일 뿐이다.

우리가 창문을 깨끗이 닦는 이유는 밖을 환하게 보고 싶기 때문이다. 집 밖 풍경을 있는 모습 그대로 보길 원해서다. 하지만 창문의 유리가 아무리 깨끗해도 밖에 있는 아름다운 꽃을 만질 수는 없다. 그 향기도 맡을 수 없다. 밖에서 불어오는 바람도 느낄 수 없다. 창문에 유리가 있는 한 안 된다. 우리가 하나님과 온전히 소통하기 원한다면 유리 없는 창문이 되어야 한다.

많은 신앙인들이 신앙생활을 하면서도 두꺼운 유리로 막힌 창문에 갇혀있는 것처럼 보인다. 안쪽에서 바깥쪽이 보이기 때문에 서로 연결이 잘된다고 착각하면서 신앙생활을 한다. 그러나 잘 보이더라도 소리가 들리지 않는다면 부분적인 소통만 할 뿐이다. 여전히 보이지 않는 벽에 갇혀 하나님을 바라본다. 더구나 유리가 더럽혀지기라도 하면 밖이 제대로 보일 리가 없다. 또한 유리를 아무리 깨끗이 닦을지라도 유리에 굴곡이 있다면 밖은 왜곡되어 보일 것이다. 볼록하게 튀어나온 부분으로는 밖의 사물이 더욱 크게 보이고 오목한 부분으로는 더욱 작게 보인다. 왜곡된 하나님은 하나님의 문제가 아니라 우리 앞에 놓인 유리의 문제다.

유리가 더러워지는 것은 우리의 죄악 때문이고, 유리가 볼록하고 오목해지는 것은 사물을 바라보는 세계관이 세상의 기준에 맞추어져 성경적 진리에서 벗어나 있기 때문이다.

찬양도 예외는 아니다. 찬양을 인도하는 사람이나 회중들도 자신과 하나님 사이에 있는 유리를 제거하지 않으면 그 창문 안에 갇힌 채 하나님을 볼 수밖에 없다. 우리가 진정 하나님과 온전한 만남을 원한다면 유리를 깨끗이 닦거나 유리를 평평하게 하려는 노력을 포기하고 과감히 유리를 제거하는 데까지 나아가야 한다.

창문에서 유리를 제거하라

특별히 찬양 인도자는 유리를 제거한 창문이 되어야 한다. 하나님이 계신 곳으로 향한 창문을 두고 소통을 가로막는 유리는 제거해야 한다. 유리를 열심히 닦는다고 해서 하나님과 온전한 만남이 이루어지리란 생각은 착각이다. 창문으로 존재하되 존재감은 없어야 한다. 이것이 바로 찬양 인도자에게 요구되는 투명함이다.

남들 앞에 서기 좋아하고 인정받기 좋아하는 우리에게 그 반짝거리는 유리를 제거하라는 것은 자신의 정체성 자체를 포기하라는 요구와 같을 것이다. 하지만 유리가 아무리 깨끗할지라도 하나님과의 만남을 방해하는 잡음이 될 수 있다. 예배와 찬양에 배어 있는 화려함도, 시대에 맞는 스타일도, 그저 소통을 방해하는 유리라면 그 유리를 제거하고 찬양의 본질을 더욱 강조해야 한다.

 이러한 투명함을 회복하고자 하는 결단으로, 나에게 있는 잡음들이 무엇인지 고민하고 나아간다면 우리의 찬양은 보다 순도 높은 고백과 선포가 될 수 있다.

Pure Praise

4 셀라,
순도 100% 찬양을 회복하라!

하나님은 잡신이 아니다
CHAPTER 13

　　　　　　우리는 알게 모르게 유교와 불교 문화의 영향을 받으며 살고 있다. 뿌리 깊게 박혀있는 문화적 영향력 때문에 기복주의 사고나 인과응보에 매여 사는 사람들이 의외로 많다. 그리스도인도 예외는 아니다. 기도 많이 하신다는 목사님이나 권사님 혹은 용하다는 기도원을 찾아가서 자신의 미래를 알아보려는 사람이 많다. 그리고 결국 그곳에서 들려준 이야기에 의해 모든 것을 결정하는 아이러니가 발생한다.

　교회도 가고 하나님도 믿는다고는 하지만 하나님이 어떤 분이신지는 제대로 모르고 신앙생활을 하기 때문에 이런 어처구니없는 일들이 발생한다. 우리의 기대는 무엇인가? 하나님은 불확실한 미래를 안전하게 보장하거나 어려운 문제가 있을 때마다 '짠' 하고 나타나시는 해결사가 아니다. 자신에게 물어보라. 혹시 나는 부지불식중에 하나님을 그런 잡신 가운데 하나로 생각하고 있지 않은가?

이런 잘못된 신앙의 모습은 찬양에도 나타날 수 있다. 찬양을 하지만 하나님이라는 찬양의 대상은 망각한 채 음악만 난무한 콘서트 공연이나 연주회처럼 진행되는 경우가 얼마나 많은지 모른다. 하나님에 대한 정확한 인식이 부족하면 따라오는 결과다. 우리가 섬기는 하나님, 우리가 찬양하는 하나님은 그런 잡신과는 차원이 다른 분이다.

열왕기상 18장에는 갈멜산에서 엘리야와 잡신(바알과 아세라)을 섬기는 선지자들이 영적전쟁을 벌이는 장면이 나온다. 이 말씀으로 우리 하나님이 어떤 분이신지 바로 알아 보자.

> 엘리야가 바알의 선지자들에게 이르되 너희는 많으니 먼저 송아지 한 마리를 택하여 잡고 너희 신의 이름을 부르라 그러나 불을 붙이지 말라 그들이 받은 송아지를 가져다가 잡고 아침부터 낮까지 바알의 이름을 불러 이르되 바알이여 우리에게 응답하소서 하나 아무 소리도 없고 아무 응답하는 자도 없으

므로 그들이 그 쌓은 제단 주위에서 뛰놀더라 정오에 이르러는 엘리야가 그들을 조롱하여 이르되 큰 소리로 부르라 그는 신인즉 묵상하고 있는지 혹은 그가 잠깐 나갔는지 혹은 그가 길을 행하는지 혹은 그가 잠이 들어서 깨워야 할 것인지 하매 이에 그들이 큰 소리로 부르고 그들의 규례를 따라 피가 흐르기까지 칼과 창으로 그들의 몸을 상하게 하더라 이같이 하여 정오가 지났고 그들이 미친 듯이 떠들어 저녁 소제 드릴 때까지 이르렀으나 아무 소리도 없고 응답하는 자나 돌아보는 자가 아무도 없더라(왕상 18:25-29).

아합이 왕위에 있을 때는 이스라엘이 극도로 타락한 시대였다. 이방 여자 이세벨과 정치적인 혼인을 했고 이세벨을 통해서 바알과 아세라 등의 이방 잡신이 들어왔다. 이로 인해 이스라엘은 하나님으로부터 멀어졌고 하나님의 진노로 이스라엘 땅에 가뭄이 든다. 이런 상황에서 당대에 하나님께 쓰임 받던 엘리야는 바알과 아세라를 섬기던 선지자들과 진짜 신이 누구인가를 판가름하는 대결에 들어간다. 제단을 쌓고 하늘에서 불을 내리는 신이 진짜 신이라는 것이었다. 바알과 아세라의 선지자들이 먼저 그들의 방식으로 제사를 드리기 시작한다. 제단에 불을 내리기 위한 장면을 머릿속에 그리며 이 본문을 다시 읽어보자.

바알과 아세라를 섬기던 선지자 850명이 자기가 섬기는 신에게 불을 내려달라고 하는 장면이 어떠했을지 상상이 가는가? 그들이 섬기는 신을 부르는 장면을 자세히 살펴보면 일정한 순서가 발견되는데, 다음과 같다.

그들은 가장 먼저 자기 신들의 이름을 부른다. 그러나 아무 응답이 없자 뛰기 시작한다. 신들이 자고 있는 것일지 모르니 깨우라고 엘리야가 재촉하자 그들은 더 큰 소리를 내고 급기야는 자신들의 몸을 상하게 한다.

텔레비전에서 5살 남짓 남자 아이가 자신의 얼굴을 할퀴고 뒤로 넘어지면서 자해하는 장면을 본적이 있다. 그 아이는 어머니가 자신에게 무관심하거나 자기 요구를 외면할 때마다 어떻게 해서든 자신의 존재를 알리고 자기의 의견을 들어달라는 신호로 자해를 했다. 그렇게 해야만 사랑받는다고 믿은 아동의 심리가 낳은 행동이었다. 그 어린 아이가 사랑을 확인하기 위해서 자해를 해야만 될 지경에 이르렀으니 그 동안 어머니가 아이의 마음을 읽는 데 얼마나 무관심했는지 짐작할 수 있다. 이런 어머니와 아이의 관계를 건강하다고 할 수 있는가? 우리는 그 어머니와 아이의 관계에 문제가 있다는 것을 금방 알 수 있다.

바알과 아세라를 섬기는 선지자들의 행동이 이와 같았다. 그들은 자신들의 존재를 신에게 알리기 위해 최선을 다한다. 소리도 지르고 춤도 추고 급기야 자해도 서슴지 않는다. 이것이 잡신들이 인간을 괴롭히는 전형적인 방법이다. 저급한 잡신들은 사람을 포로로 사로잡아 그들을 조정하고 극단으로 이끌어 간다. 그들이 원하는 것은 결국 인간을 영원한 죽음으로 이끌어 가는 것이다.

몸부림이 아닌 은혜로

기독교가 타 종교와 다른 가장 중요한 특징을 한마디로 축약하면 '은혜'다. 은혜는 공짜로 받는 선물과 같다. 받을 만해서 받는 것이 아니라 받을 수 없음에도 불구하고 주신 선물이다. 게다가 하나님은 그것을 거부할 수 없도록 큰 선물을 주셨다. 하나님은 우리가 아무리 밀어내려고 해도 거부할 수 없는 크기의 은혜를 가지고 다가오신다. 하나님의 은혜는 우리의 공로와 상관없는 하나님의 주권적 표현이며, 언제나 우리에게 좋은 것이다.

그 대표적 선물이 예수님이다. 그분은 본래 하나님이지만 우리와 같은 인간이 되셨고 고난의 십자가를 지심으로 사랑을 보여주셨다. 창조주가 피조물을 너무 사랑해서 고난을 스스로 선택한 것이다. 그 크신 하나님의 선물, 은혜가 없다면 인간은 그 누구도 구원에 이를 수 없다.

인간은 구원을 위해서 무엇이 필요한지, 하나님께 무엇을 요청해야 하는지 아무것도 몰랐지만, 하나님은 주권적으로 사랑을 베푸셨다. 그것이 은혜다. 하나님이 알려주시지 않고 보여주시지 않으면 우리는 아무것도 할 수 없다.

요한복음 1장 17절은 이렇게 말한다. "율법은 모세로 말미암아 주어진 것이요 은혜와 진리는 예수 그리스도로 말미암아 온 것이라."

이 크신 은혜를 깨닫게 되면 세상의 잡신과 우리가 섬기는 거룩한 하나님의 차이는 명확해진다. 잡신은 인과응보가 분명하다. 인간이 어떻게 하는가에 따라 반응하는 신이다. 마치 어그러진 어머니와 아이의 관계와 같다. 아이는 어떻게 해서든 관심을 끌어야 한다. 수단과 방법을 가리지 말고 잡신에게 관심 받도록 최선을 다해야 한다. 자기 맘에 들면 칭찬하고 자기 맘에 들지 않으면 벌하는 것이 잡신이다. 그러기에 인간은 잡신이 무얼 좋아하는지 어떻게 관심을 끌지 방법을 궁리하면서 일평생을 전전긍긍하며 살아가게 된다. 인간이 어떻게 하는가에 따라 결과가 달라지고, 모든 것은 인간의 책임이다.

바알과 아세라를 섬기는 선지자들이 어떠했는가? 바알과 아세라에게 잘 보이려고 자신의 몸을 상하게 하는 일도 마다하지 않았다. 요즘도 잡신을 섬기는 사람들 중에는 철이 살을 뚫고 지나가게 자해하면서도 통증이 없는 것을 믿음이라고 생각하는 사람도 있다. 어떤 이들은 뱀을 만지고 뱀에게 물려도 죽지 않는 것을 믿음이라고 생각한다. 정말 잡신을 섬기는 사람다운 발상이다.

하나님의 하나님되심을 선포하라

엘리야가 섬기는 하나님, 우리에게 예수 그리스도라는 은혜를 주신 하나님, 그 분은 어떤 분이신가? 열왕기상 18장 36-38절 말씀에 나타난 엘리야의 행동을 주목해보라.

> 저녁 소제 드릴 때에 이르러 선지자 엘리야가 나아가서 말하되 아브라함과 이삭과 이스라엘의 하나님 여호와여 주께서 이스라엘 중에서 하나님이신 것과 내가 주의 종인 것과 내가 주의 말씀대로 이 모든 일을 행하는 것을 오늘 알게 하옵소서 여호와여 내게 응답하옵소서 내게 응답하옵소서 이 백성에게 주 여호와는 하나님이신 것과 주는 그들의 마음을 되돌이키심을 알게 하옵소서 하매 이에 여호와의 불이 내려서 번제물과 나무와 돌과 흙을 태우고 또 도랑의 물을 핥은지라.

엘리야의 기도는 예배로 시작된다. 예배는 가장 가치 있는 절대자(창조자)에게 그분의 가치를 인정하는 피조물의 행위다. 저녁 소제를 드릴 때에 엘리야는 담대하고 단호한 믿음을 선포한다. "여호와는 이스라엘의 하나님이십니다. 응답해주십시오. 주 여호와가 하나님이심을 알게 하옵소서."

엘리야 자신이 할 수 있는 일은 아무것도 없었다. 그의 선포에는 하나님의 하나님 되심을 스스로 드러내주시길 간구하는 단순한 믿음의 고백뿐이었다.

이 얼마나 멋있는 장면인가? 하나님께서는 엘리야의 고백에 반응해 주셨다. 엘리야가 하나님께 잘 보이려고 애를 쓴 것에 대한 반응이 아니라, 하나님의 하나님 되심을 스스로 증명하신 것이다. 하나님이심을 보이신 그 불이 얼마나 강했는지 도랑의 물이 다 말라버릴 정도였다.

엘리야가 하나님께 잘 보이기 위해 한 일이 있는가? 엘리야가 하나님께 잘 보인 댓가로 불을 내려 주신 것인가? 그렇지 않다. 하나님은 스스로 존귀케 되시는 분이다.

엘리야는 잡신이 아닌 거룩한 하나님을 잘 알았다. 하나님께서 하나님 되시도록 불을 내리실 것을 믿었다. 우리에게 요구되는 것은 그저 믿음을 갖고 예배자로서 그 자리에 서있는 것이다. 예배자는 믿음의 사람이지만 여전히 피조물이다. 피조물인 예배자의 요구가 창조주이신 하나님을 일하게 한다는 착각은 버려야 한다. 하나님은 스스로 일하신다.

우리는 자주 38절의 '이에'라는 단어에 힘을 준다. 엘리야가 한 일을 강조하고 싶은 것이다. 엘리야가 기도했더니 그렇게 되었다고 말하고 싶은 것이다. 그런 사람일수록 36절의 '주의 종됨'을 또 강조를 할 것이다.

아무리 위대한 종 엘리야일지라도 엘리야에게는 불을 내리게 할 능력이 없다. 하나님이 능력이 있으실 뿐이다.

> 내가 주의 말씀대로 이 모든 일을 행하는 것을 오늘 알게 하옵소서 (왕상 18:36).

이 말씀을 우리 마음에 깊이 새겨야 할 것이다. 우리는 우리 때문에 일하시는 하나님이 아니라 우리를 통해서 일하시는 하나님을 발견해야 한다. 우리는 그저 하나님의 영광을 돌리는 '통로'일 뿐이다.

우리의 찬양이 하나님을 아는 지식에서 출발해야 하는 이유가 여기에 있다. 하나님은 우리의 열정에 속는 분이 아니시다. 우리의 환호나 박수나 춤에 현혹되지 않으신다. 하나님은 잡신이 아니시기 때문이다. 바알과 아세라 선지자에 비하면 정말 단순한 선포 한

마디였지만 그 한마디의 선포에 하나님은 주권적으로 역사하신다.

"하나님의 하나님 되심을 보여주소서."

우리의 찬양에 절대로 빠져서는 안 되는 내용이 바로 이것이다.

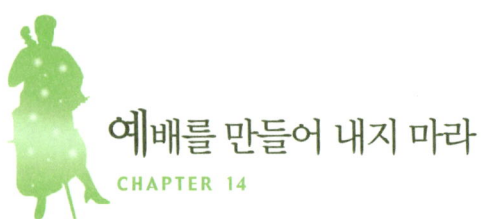

예배를 만들어 내지 마라
CHAPTER 14

하나님과 거래하지 마라

신앙에서 본질과 비본질을 구분하는 것이 중요한데 그것만큼이나 중요한 것이 또 있다면 선후(先後)를 잘 구별하는 것이다.

예전에 질병으로 고통 받던 어떤 집사님을 정기적으로 방문해 오랜 기간 기도해드린 적이 있었다. 그 집사님은 습관처럼 "내가 병만 낫는다면 교회 봉사도 열심히 하고 신앙생활도 잘할 텐데……."라는 말씀을 하셨다. 기도를 할 때마다 버릇처럼 "내가 낫기만 한다면"이라는 조건을 내걸었다.

질병은 당해보지 않은 사람은 모를 큰 고통이다. 당사자에게는 견딜 수 없어 죽고 싶은 정도의 고통일 수도 있다. 그래서 지푸라기라도 잡는 심정으로 하나님께 매달린다. 하지만 그 집사님은 하나님을 치료의 하나님으로 인정하지 않았다. 질병을 낫게 하는 도구의 일부분이었을 뿐이다. 그 분은 병이 낫기 위해 병원도 가보고 약도 먹어보고 그리고 하나님도 있어야 한다고 생각했다.

나는 하나님께서 의학이라는 문명을 통해 환자를 다루신다고 믿는다. 집사님의 병이 기도를 통해서만 낫는다는 기도만능주의를 추구하는 사람도 아니다. 하지만 하나님이 병원과 결코 동격일 수는 없다. 하나님은 부분으로 존재하실 수 있는 분이 아니다. 창조주 하나님은 모든 것 위에 완전함으로 존재하시는 분이다.

나는 하나님께서 여전히 그 집사님을 사랑하신다고 말했다. 그리고 이 질병을 통해 신앙적으로 가정적으로 개인적으로 성장하기 원하시는 하나님의 메시지가 있다고 말하곤 했다. 그러나 그 분은 내 말이 무슨 뜻인지 이해하지 못했다. 그 집사님은 질병을 통해 하나님이 전달하시고자 하는 메시지보다는 당장에 낫는 것이 훨씬 중요한 일이었다.

하나님은 표적을 통해 살아계심을 나타내실 때가 있다. 하지만 그 표적이 하나님의 능력을 이용하기 위한 방법이나 수단이 되는 순간 표적의 의미는 변질된다. 하나님은 어떤 상황에서도 수단이 되실 수 없는 분이다. 하나님은 정해진 특별한 방법으로 일하시는 분이 아니다. 하나님을 수단화해서 표적을 일으키는 방법에만 관심을 기울인다면 하나님은 우리 인생의 전부가 아닌 일부분으로 전락한다. 우리가 취사선택할 수 있는 인생의 옵션이 되는 것이다.

어떤 사람도 하나님께 예수 그리스도를 통한 구원을 요청한 사람은 없다. 우린 정말 중요한 것을 하나님께 요청할 분별력조차 없는 피조물이다. 그냥 내버려 두면 영원히 죽을 수밖에 없는 상태에서 벗어날 능력이 없다. 하지만 하나님의 사랑이 우리를 그냥 내버려 두지 않으셨다. 하나님의 사랑이 그의 독생자를 아끼지 않도록 만드셨다. 우리에게 공짜로 주신 이 은혜를 깨달았다면 구원을 베푸신 하나님께 감사하고 또 이 땅의 삶에서도 우리를 구원하실 수 있다는 것을 인정하는 것이 피조물이 가져야 할 유일한 태도다.

하나님은 우리와 거래로 일하시는 분이 아니다. 하나님은 한 치의 오차도 없게 공의와 사랑으로 우리를 인도해 가신다. 그 완전한 하나님의 인도하심에 우리의 인생을 맞추어 가는 것이지 우리의 삶에 하나님을 맞추는 일은 절대 있을 수 없다. 그렇게 할 수 있다고 생각하면 신앙이 혼동에 빠진다.

선후를 분명히 하라

무엇을 우선순위에 둘 것인지에 대한 선후의 개념을 잘 나타내 주는 성경이 열왕기상 18장 18-21절이다.

> 그가 대답하되 내가 이스라엘을 괴롭게 한 것이 아니라 당신과 당신의 아버지의 집이 괴롭게 하였으니 이는 여호와의 명령을 버렸고 당신이 바알들을 따랐음이라 그런즉 사람을 보내 온 이스라엘과 이세벨의 상에서 먹는 바알의 선지자 사백오십 명과 아세라의 선지자 사백 명을 갈멜 산으로 모아 내게로 나아오게 하소서 아합이 이에 이스라엘의 모든 자손에게로 사람을 보내 선지자들을 갈멜 산으로 모으니라 엘리야가 모든 백성에게 가까이 나아가 이르되 너희가 어느 때까지 둘 사이에서 머뭇머뭇 하려느냐 여호와가 만일 하나님이면 그를 따르고 바알이 만일 하나님이면 그를 따를지니라 하니 백성이 말 한 마디도 대답하지 아니하는지라.

본문에 나타난 엘리야의 태도를 살펴보면 그는 하나님의 뜻에 명확히 일치한 행동을 한다. 그는 자신의 유익이나 자신에게 필요한 것 때문에 하나님을 이용하는 사람이 아니었다. 자신을 죽이려고 덤비는 아합에게 가서 담대하게 선포했다. 매우 단순한 행동이었지만, 하나님만을 의지하는 순종의 태도였다.

엘리야는 하나님의 하나님되심을 거부했던 아합과 이스라엘 백성들에게 하나님이 참 신이심을 증명하려고 했다. 아니 그것은 하나님이 원하신 일이었다. 그 하나님의 마음을 엘리야는 알았다. 엘리야는 하나님이 무엇을 중요하게 생각하시는지 알고 행동했다. 하나님의 마음을 먼저 헤아리는 엘리야에게 하나님의 은혜가 임하는 것은 너무나 당연한 결과였다. 그런 사람이 하나님의 은혜를 경험하지 못한다면 그것이 더 이상한 일일 것이다. 어떻게 하나님의 역사가 일어나지 않을 수 있겠는가?

신앙에서 가장 앞서야 하는 것은 하나님을 하나님으로 인정하는 것이다. 즉, 우리 마음의 동기다. 그 동기에 따른 행동이 반드시 우리 인생에서 우선되어야 할 부분이다. 그리고 그 뒤에 나타나는 것은 하나님을 하나님으로 인정하는 자들에게 나타나는 자연스럽고 당연한 결과다. 이 결과는 은혜로 드러난다. 은혜는 하나님을 인정한 자들에게 주시는 하나님의 선물이다. 하지만 이 순서가 뒤바뀌는 순간 우리는 스스로 하나님 자리를 대신하고 앉아서 결과 즉, 은혜마저 내가 좌지우지하려 든다. 어떻게 해야 하나님의 은혜를 내게 끌어들일까에 대한 방법에 치우친다.

교회에서 사용하는 말 중에 '은혜'라는 단어만큼 자주 등장하는 말도 없을 것이다. 그만큼 은혜는 중요한 의미를 갖고 있다. 은혜 받기 위해서, 은혜롭게 하기 위해서 많은 노력을 기울인다. 은혜 받는 데 관심이 많은 것은 잘못이 아니다. 우리는 한 순간도 하나님의 은혜를 받지 않고는 살 수 없기 때문이다. 하지만 은혜가 목적이 되는 것은 분명히 위험한 일이다. 내가 얻기 원하는 결과를 은혜라고 착각하고 그것이 성취되었을 때 은혜 받았다는 식의 생각은 위험하다. 이런 생각에 머물러 있으면 내 마음대로의 은혜를 받기 위해서 하나님을 섬기는 유치한 수준의 신앙인이 된다. 더 나아가서 은혜를 자신이 노력해서 만들 수 있는 양 엄청난 교만에 빠질 수도 있다.

하나님의 하나님 되심을 인정하지 않는 채 그저 자기가 원하는 은혜만을 구하는 잘못된 크리스천들이 얼마나 많은가? 성경에 나타난 은혜의 구절들을 찾아보라. 요즘은 인터넷이 잘 발달한 시대이므로 은혜라는 단어를 포털 사이트에 입력하고 성경구절을 검색해보라. 은혜의 주체가 누구인가? 은혜는 절대로 사람에 의해 만들어질 수 있는 것이 아님을 알 수 있을 것이다.

어린아이를 바르게 성장시키려면 분명히 교육이 필요하다. 그리고 교육에는 당근과 채찍이 있어야 한다. 예를 들어 밥을 먹은 후에는 이를 닦아야 한다는 것을 교육하는 과정을 생각해보라. 처음에는 양치질 방법과 언제 닦아야 하는지 알려주어야 한다. 처음부터 왜 이를 닦아야 하는지 그 아이들은 모른다. 모르기 때문에 이를 닦는 것이 습관이 되도록 계속 가르쳐야 한다. 밤에 그냥 잠이 드는 아이는 깨워서라도 이를 닦게 해야 한다.

어른들의 훈련과 교육을 통해 아이들은 이를 닦기 시작한다. 그 아이가 가르침에 따라서 이를 잘 닦는다면 칭찬을 받을 것이다. 반대로 잘못하고 있다면 이에 상응하는 벌을 받게 될 것이다. 어린 아이가 이를 닦지 않는데도 그냥 방치해 두는 부모가 있다면 그 부모에게 문제가 있다. 아이는 이를 닦는 것이 매우 귀찮겠지만 부모가 제시하는 상을 얻기 위해서 억지로라도 이를 닦게 될 것이고 그것이 습관으로 자리를 잡게 될 것이다.

자, 이제 그 어린아이가 20살 청년이 되었다고 하자. 부모가 그 청년에게 여전히 이를 닦아야 한다고 가르친다면 이 청년에게 문제가 있다. 20살이나 먹은 청년이 이를 안 닦으려고 해서 부모님이 용돈을 줄 테니 제발 닦으라고 한다면 그 청년은 아직 두세 살짜리 어린아이의 상태에서 벗어나지 못한 것이다.

하나님도 처음에는 우리를 어린아이 다루듯이 하나하나 알려주시고 칭찬하시며 이끌어 가신다. 하지만 하나님을 아는 지식이 성장하고 하나님을 경험하는 폭이 넓어질수록 선물에는 관심이 없어진다. 하나님께만 집중한다. 그 분을 기쁘시게 해드리는 것이 무엇인지에 더 많은 관심을 쏟게 된다. 그렇기 때문에 성숙한 사람은 신앙에서 무엇이 우선이고 무엇이 뒤에 오는지, 선후관계를 분명히 아는 사람이다.

우리는 예수 그리스도로 말미암아 영생이라는 구원을 큰 선물로 이미 받았다. 거저 얻은 은혜가 값싼 은혜가 되지 않으려면 우리는 은혜에 감사하고 보답하려는 성숙한 어른의 자세를 가져야 한다. 만일 은혜를 공짜로 받았으니까 앞으로도 항상 공짜로 좋은 걸 주실 거라고 생각한다면 그건 어린아이와 같은 자세다.

어른이 되면 더 이상 상벌에 집착해서는 안 된다. 어떻게 하면 상을 받을지 어떻게 하면 벌을 받을지에 집착해서 상 받는 방법과 벌을 면하는 방법만 연구하는 사람이 되어서는 안 된다. 이것은 혼나지 않고 이를 닦지 않을 방법을 생각해내는 어린아이와 같은 미성숙한 모습이다.

구원의 은혜를 경험한 사람의 대표적인 특징은 감사다. 범사에 감사할 줄 아는 사람은 성숙한 사람이다. 그리 아니하실지라도 내가 하나님의 뜻 안에 그리고 그 사랑 안에 있음을 확신하는 사람이다. 진정한 믿음의 사람이다. 결과는 그분께 맡기고 하나님 아버지에게 효도하는 마음으로 살아가는 사람이다. 우리가 결과를 주도하려고 하는 것은 미성숙이요 불신이다. 여기서 신앙생활의 수준이 갈린다.

찬양 사역에도 이렇게 앞뒤 순서를 혼동할 위험이 도사린다. 하나님만을 찬양한다는 중심이 없는 찬양 사역자는 없을 것이다. 하지만 좀 더 좋은 모습으로 하나님 앞에 서겠다는 생각이 과도할 때, "어떻게 하면 찬양하는 시간을 은혜롭게 만들까?"라는 질문에서부터 발목을 잡힌다. 은혜로운 찬양이 되게 하기 위해서 애쓰는 노력들이 때론 은혜를 만들어보겠다는 의지로 드러날 때가 얼마나 많은지 모른다.

나에게도 그런 경험이 있었다. 어느 순간부터 회중들이 어떤 곡을 좋아하는지에 관심을 가졌다. 이유는 그럴 듯했다. 회중들이 하나님을 더 잘 찬양할 수 있도록 배려하기 위한다는 이유였다. 하지만 내 마음 깊은 곳에는 다른 이유가 자리 잡고 있었다. 예배하러 온 회중들이 찬양을 따라하지 않고 멀뚱히 있는 모습에 대한 분노가 있었던 것이다. 이것은 거룩한 분노가 아니었다. 앞에서 인도하는 나를 따르지 않는데 대한 개인적인 분노였다.

적나라하게 말하자면 찬양을 인도하는 내가 무시당하는 수치감을 느꼈다. 회중들이 나를 거부하고 있다는 생각이 너무나도 싫었다. 그리고 나는 더 이상 회중들에게 거부당하기 싫었기 때문에 대안이 필요했다. 나는 찬양을 잘하는 사람으로 인정받고 싶었다. 그러기 위해서는 회중들이 더 잘 부를 수 있는 찬양을 골라야 했고 지금보다 더욱 열정적으로 찬양하는 모습을 보여야 한다고 생각했다. 그렇게 함으로써 내가 정말 좋은 찬양 인도자로써 예배를 은혜롭게 이끄는 자임이 증명될 수 있다고 생각했다. 내 마음의 중심에 찬양의 대상이신 하나님은 의식하지 않고 찬양의 도구들만이 덩그러니 남은 것이다.

회중들은 이런 상황을 몰랐을 것이다. 그들은 열심히 찬양했고 하나님은 그들의 고백에 합당한 은혜를 주셨을 것이다.

하지만 찬양을 인도하는 나에게는 다음번엔 어떻게 해서 회중을 만족시킬까에 대한 고민이 계속되었고, 이런 악순환이 반복되었다. 이것이 바로 예배를 만들어 내려는 애씀이다. 은혜를 만들려는 헛된 노력이다. 찬양에 대한 결과가 어떠한지에 대한 부담감을 내려놓아야 한다.

손을 높이 들지 않았다고 해서 그 사람에게 하나님의 역사가 없는 것이 아니다. 그 사람이 찬양하지 않아도 그 사람의 내면에서는 강력한 성령의 역사가 있을 수 있다. 우리로써는 이해할 수 없을지 모르지만 은혜의 주체이신 하나님은 하실 수 있다. 나같이 벌레 같은 죄인도 살려주시지 않았는가.

하나님을 은혜 주시는 주체자로 다시 되돌리지 않는 한 순도 높은 예배는 불가능하다. 나는 미성숙한 찬양을 하고 있는가 아니면 성숙한 모습으로 하나님 앞에 나아가는가? '이런 식으로 찬양하면 회중이 이렇게 반응할 것이고 하나님은 이런 방식으로 은혜를 주시겠지' 라는 공식화된 생각을 하지는 않는지 되돌아봐야 한다.

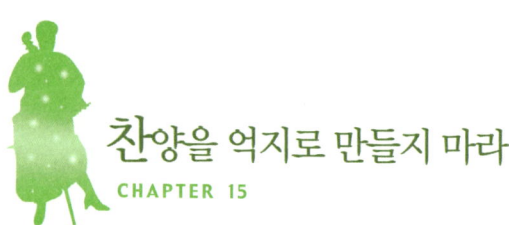

찬양을 억지로 만들지 마라
CHAPTER 15

인간의 존재 목적을 분명히 보여 주는 성경구절로 이사야 43장 21절이 자주 인용된다.

이 백성은 내가 나를 위하여 지었나니 나의 찬송을 부르게 하려 함이니라.

이 성경구절은 찬양인도자가 많이 선포하는 말씀이기도 하다. 때론 그 선포가 너무 강력해서 그 순간만큼은 입을 벌려서 힘차게 찬양하지 않으면 안 될 것 같은 위압감을 느끼기도 한다. 우리가 찬송을 부르도록 지음을 받았는데 어떻게 가만히 있을 수 있겠는가?

나도 예배 찬양을 인도하면서 그런 용감한 선포를 많이 했었다. 어느 금요철야기도회가 지금도 잊히지 않는다. 우리 찬양팀은 9시 30분부터 시작되는 찬양을 위해 1시간 30분 전부터 모여 찬양 연습과 기도를 했다. 우리가 준비한 찬양이 성도들에게 은혜의 통로로 쓰여지길 소원하는 마음으로 최선을 다해 준비했다. 그리고 예배가 시작되었다. 첫 찬양으로 "죄에서 자유를 얻게 함은"이라는 빠른 템포의 찬양을 선곡했고 박수치며 찬양하자고 말했다. 성도들이 박수는 쳤지만 열심히 하지는 않았다. 적어도 내 눈에는 그렇게 보였다. 순간 나는 화가 치밀어 올랐다. 그래서 4절까지인 찬양을 2절에서 멈추게 했다. 그리고 그 분노를 담아서 성도들에게 말했다. 그건 화를 낸 것이라고 해야 맞을 것이다.

"우리가 사는 목적이 무엇입니까? 하나님을 찬양하는 것입니다. 호흡이 있는 자마다 살아계신 여호와 하나님을 찬양하라고 성경에서는 명령하고 있습니다. 예수 그리스도의 보혈이 여러분을 자유롭게 했는데 그것이 기쁘지 않습니까? 왜 여러분은 건성으로 박수를 치고 열심히 찬양하지 않습니까? 다시 한 번 이 찬양을 부를 텐데 더 힘차게 찬양합시다." 라고 강한 어조로 말했다.

아마도 이런 경험을 한 사람이 분명 있을 거라 생각한다. 그 뒤에 찬양이 어떻게 바뀌었을지는 짐작할 것이다. 찬양의 분위기는

180도 반전되었다. 성도들은 열심히 찬양하기 시작했다. 물론 박수 소리도 이전보다 몇 배는 커졌다.

찬양인도자는 얼마든지 찬양 소리를 크게 만들 수 있다. 성경에서도 얼마든지 명분을 찾을 수 있다. 하지만 찬양 소리가 커지는 것이 곧 하나님을 더 잘 찬양한다는 것은 아니다. '열심히 찬양하는 것' 과 '전심으로 찬양하는 것' 은 다르다. 하나님이 우리를 찬송하도록 명령하시는 분이라면 우리의 의지와 무관하게 노래 부르는 기계를 만드셨다는 의미밖에 되지 않는다.

"호흡이 있는 자마다 여호와를 찬양할지어다"라는 말씀이 명령으로 해석되어 인도자의 입술을 통해 선포될 때 찬양하는 소리는 크게 할 수 있겠지만, 진정한 찬양의 의미를 잃어버릴 수 있다는 것을 경계해야 한다. 명령의 사전적 의미는 '윗사람이 아랫사람에게 어떤 일을 하도록 지시하는 것' 을 말한다. 군대에서는 특히 이런 명령체계가 분명하다. 그리고 그 명령이 제대로 이행되지 않았을 때는 벌을 받는다. 상벌이 따르기 때문에 명령은 위협적이고 구속력이 있다.

명령에서 중요한 것은 결과다. 윗사람이 시킨 그대로 이행했는지 아닌지를 보고 명령을 잘 수행했는지를 판단한다. 명령을 이행하는 중에 아랫사람의 주관적 판단은 무시될 때가 많다. 그래서 아랫사람은 윗사람을 두려워한다. 내가 명령을 잘 이행하는지의 여부로 윗사람이 나를 평가할 것이기 때문이다. 솔직히 말하면, 윗사람을 두려워한다기보다는 벌을 두려워한다. 윗사람을 존경해서 따르는 것이 아니라 벌 받기 싫어서 따르는 것이다.

이런 명령체계에도 유익은 있다. 군대의 경우라면 전쟁이 발발했을 때 일사분란하게 행동해서 승리를 얻을 수 있을 것이고, 회사의 경우라면 많은 수익을 얻을 수도 있다. 그렇다면 하나님은 이익을 얻으려고 우리에게 찬양을 명령하시는 것일까?

진정한 찬양이란 무엇인가? 찬양을 한 마디로 정의하라면 나는 주저하지 않고 '칭찬'이라는 단어를 선택하겠다. 찬양은 칭찬이다. 칭찬의 외적인 측면을 좀더 강조해서 표현하면 '환호'다. 손뼉을 치며 소리 지르는 것이고 기뻐 뛰는 것이다.

아마도 이 책을 읽는 분들은 적어도 한두 번은 찬양 훈련을 어떤 형식으로든 받아 본 경험이 있으리라 생각한다. 찬양에 대한 강의를 들을 때 이런 예화를 들어보았을 것이다.

축구경기를 볼 때 선수 한 사람 한 사람의 움직임을 집중해서 지켜보다가 어떤 선수가 골문 앞에서 멋지게 슈팅을 해서 공이 안으로 빨려 들어가면 사람들은 누구나 할 것 없이 "골인!"이라고 외친다. 축구장이 떠나갈 정도로 환호성을 지른다.

이런 예화를 설명하고는 강의를 듣는 사람들을 향해 이런 질문을 던진다. "축구경기에서도 한 골이 들어가면 환호성이 터지는데,

우리는 왜 하나님을 찬양하면서 환호하고 박수치고 소리치지 않습니까? 환호가 이렇게 작아서 되겠습니까?"라고 찬양을 독려한다. 소리질러보기, 박수쳐보기, 환호해보기, 엎드려보기, 무릎꿇어보기 등도 연습한다. 나 역시 이런 과정을 경험했기에 이 훈련이 주는 긍정적인 효과를 안다. 하지만 이 연습을 통해 잃어버릴 수 있는 것들은 없을까? 소리치고 박수치고 환호하는 것은 성경에 등장하는 찬양의 모습이 틀림없다. 그러나 훈련에 의해서 칭찬하는 것이 무슨 의미가 있을까 하는 질문을 해보았다.

축구장에 온 사람들은 골이 골문 안으로 빨려 들어가는 순간 소리치고 박수치고 환호하라는 사전 훈련을 받았을까? 아니면 골을 넣은 선수 이름을 크게 외치면 상이라도 받을까? 골이 들어가면 사람들이 환호하는 이유는 기분이 좋기 때문이다. 골이 들어갈 것을 기대했기 때문이다. 자신들이 기대한 일이 이루어졌기 때문이다. 사실 골을 넣은 사람과 내가 직접적으로는 아무 관계도 없다. 하지만 경기장에서 경기를 하는 그 순간만큼은 운동장의 선수와 나는 이미 한 몸이나 다름없다.

월드컵에서 왜 우리 모두가 애국자가 되었는가? 축구경기에서 열심히 응원하면 애국자가 되는 것인가? 누가 애국자가 되라고 한 것도 아니고 강요한 것도 아니다. 그것은 너무나도 자연스러운 마음이다.

찬양을 잘하기 위해서, 성경에 나와 있는 명령에 따라 훈련해야 한다는 것은 하나님의 의도를 왜곡할 수 있다.

초신자를 교육할 때, 성경 말씀을 토대로 신앙생활에 필요한 내용을 알려주기 위해 "이런 것들을 해야 합니다."라고 제시할 수는 있다. 하지만 시간이 지난 후에도 여전히 의무감으로만 하나님을 대한다면 그 사람은 하나님과의 관계를 이해하지 못한 것이다. 하나님은 우리와 친밀하길 원하시지 단순히 굴복하기를 원하지 않으신다.

이런 맥락에서 찬양이 헌금과 같은 특성을 갖는다는 데 동의한다. 그래서 헌금의 의미는 찬양의 의미를 설명하는 데 많은 유익을 줄 수 있다. 마태복음 6장 30-32절 말씀은 하나님 아버지가 우리의 공급자이심을 확증한다. 왜 공급하시는가? 그것은 바로 우리가 하나님의 자녀들이기 때문이다. 하나님의 자녀는 누구인가? 예수 그리스도를 믿는 믿음의 사람들이다. 그 하나님께서 우리가 이 땅에서 쓸 것도 다 아시고 필요를 채우신다는 말씀이다.

> 오늘 있다가 내일 아궁이에 던져지는 들풀도 하나님이 이렇게 입히시거든 하물며 너희일까보냐 믿음이 작은 자들아 그러므로 염려하여 이르기를 무엇을 먹을까 무엇을 마실까 무엇을 입을까 하지 말라 이는 다 이방인들이 구하는 것이라 너희 하

> 늘 아버지께서 이 모든 것이 너희에게 있어야 할 줄을 아시느니라(마 6:30-32).

하나님은 전지자시다. 모든 것을 아신다. 우리의 상황도 아신다. 알고만 있는 것이 아니라 작은 풀 한포기조차도 먹이고 입히는데 부족함이 없는 공급자다.

우리가 가진 모든 것은 하나님으로부터 왔다. 이것을 인정하는 작은 표현이 헌금이다. 원래는 모두 하나님의 것이지만 이 땅에 살아가는 동안 물질이 필요하기 때문에 일부만 떼어 드리는 것이다. 결과적으로 헌금이라는 행위로 하나님이 물질의 주인임을 인정하는 것이다.

그렇다면 하나님께 십일조, 감사헌금, 주일헌금을 떼어드리기만 하면 되는가? 아니다. 만약 그렇다면 헌금 또한 명령이 되어 버린다. 하나님이 주인임을 인정하는 것이 훨씬 중요하다. 하나님은 부족함이 없으시기에 우리가 드리는 물질이 필요해서 받으시는 것이 아니다. 앞서 언급한 바와 같이 하나님은 잡신이 아니다. 잡신들은 인간이 그들에게 얼마를 바치느냐에 따라 복을 나누어주는 치사한 존재들이다. 그러나 하나님은 우리가 진심으로 하나님이 주임임을 인정하는지 그 중심을 보시는 분이다. 그래서 하나님이 주인임을 올바로 인정하는 자들은 올바른 헌금을 한다. 하지만 헌금을 한다고 해서 올바른 마음을 갖는 것은 아니다. 여기서 또 무엇이 우선인지가 얼마나 중요한지 알 수 있다. 마음이 우선이다. 그래서 하나님은 '억지로' 하는 것을 경계하신다. 다시 말해서 하나님은 헌금을 명령한 것이 아니라는 말이다.

하나님은 항상 관계를 중심으로 우리를 대하신다는 것을 잊지 말아야 한다. 하나님과 우리의 관계는 돈거래에 의해서 생기는 것이 아니다. 그런 식의 추잡한 방법으로 관계 맺지 않으신다. 이사야서 43장 21절 말씀을 다시 한 번 인용하고자 한다. 〈쉬운성경〉이 이해에 도움이 될 것 같아 덧붙였다.

> 이 백성은 내가 나를 위하여 지었나니 나를 찬송하게 하려 함이니라(개역개정).
>
> 이들은 내가 나를 위하여 지은 백성이다. 그들이 나를 찬양할 것이다(쉬운성경).

이 말씀을 몇 번이고 읽어보기 바란다. 한 번 읽을 때는 군대의 상관이나 직장의 엄한 상사를 떠올리며 읽어보라. 또 다시 읽을 때는 이사야 43장 1절 말씀을 먼저 읽은 후에 읽어보라.

> 야곱아 너를 창조하신 여호와께서 지금 말씀하시느니라 이스

> 라엘아 너를 지으신 이가 말씀하시느니라 너는 두려워하지 말라 내가 너를 구속하였고 내가 너를 지명하여 불렀나니 너는 내 것이라.

이 하나님께서 21절에 이렇게 말씀하신다.

> 이들은 내가 나를 위하여 지은 백성이다. 그들이 나를 찬양할 것이다.

이것이 어찌 명령이라고 할 수 있는가? 이 말씀 속에서 하나님이 우리에게 이렇게 분명히 말씀하지 않는가?

"너희는 내가 만들었으니 내 것이다. 이것이 너희와 나의 관계다. 나는 너희를 위해 독생자도 아끼지 않고 내어주는 하나님이다. 어떤 상황이 와도 두려워 말아라. 내가 너의 편에서 널 지켜주마. 그리고 너희를 위해서 내가 하는 일들을 보면, 그것 때문에 찬양 즉, 나를 칭찬하지 않을 수 없을 것이다."

하나님은 관계 속에서 분명히 이렇게 말씀하신다. 이사야 43장을 다 읽어보라. 그 하나님이 당신의 하나님이라면 찬양하지 않을 수 있겠는가? 이사야 43장의 하나님이 지금도 우리를 위하여 일하신다. 문제는 우리가 매일매일 하나님께서 우리에게 하시는 일을 기억하고 떠올리며 감사하는 마음으로 그 분이 하신 일을 칭찬해야 함에도 불구하고 그렇게 하지 않는다는 것이다.

혹시 주변에 찬양에 대해서 부담을 느끼고 어떻게 찬양해야 하는지 모르는 사람이 있는가? 그 사람은 지금 우리가 부르는 찬양의 곡을 모르는 것이 아니다. 단순히 곡을 모른다면 찬양 곡이 익숙해지도록 찬양 음반을 선물로 주면 되겠지만, 진정한 찬양으로 나아가는 궁극적 해결책은 될 수 없다. 어떻게 하나님을 찬양할 것인가는 둘째 문제다. 먼저 그 사람이 해결해야 할 것은 하나님과의 관계를 분명히 정립하는 일이다.

매일의 삶 속에서 단 한 번이라도 내 옆에 계신 하나님께 눈을 돌려본 적이 있는가? 하나님을 전적으로 의지하는가? 내 인생 속에 하나님이 개입하시는가? 말씀을 읽고 하나님이 기뻐하시는 삶을 살아보려고 노력하는가? 기도하면 응답하시는 하나님을 경험해 본적이 있는가?

이러한 본질적인 문제제기에서 시작해 다시금 하나님이 내 삶 속에 밀접하게 관계하시는 분임을 알아야 한다. 이렇게 고민하고 기도하면 하나님은 반드시 일하기 시작하신다. 그렇게 하나님과의 관계가 회복되면 하나님의 백성은 하나님을 찬양하지 않을 수 없다.

찬양을 단순하게 예배시간에 부르는 노래정도로 이해하지 말라. 찬양이야말로 신앙생활의 정수다. 하나님과 관계를 맺은 자만이 찬양할 수 있다. 관계를 잃어버리고 억지로 하는 찬양, 명령으로 받아들여지는 찬양은 하나님과 상관이 없다. 찬양은 하나님을 경험한 자들의 결과로서 하나님께 드리는 제물이다. 하나님을 경험하지 못한 자들이 찬양을 단순히 명령만으로 이해하는 한 진정한 찬양은 절대로 드릴 수 없다.

찬양을 수단으로 만들지 마라
CHAPTER 16

마음속으로 아래 질문에 답해보자.

"나는 은혜받기 위해 찬양하는가? 아니면 은혜를 받아서 찬양하는가?"

조금 어렵다면 다음 질문에 답해보라.

"나는 은혜를 받으려고 헌금하는가? 은혜를 받아서 헌금하는가?"

좀 더 쉽게 답을 찾을 수 있을 것이다. 찬양이나 헌금은 은혜를 받기 위한 수단이 아니다. 그것은 은혜 받은 자가 하나님께 드리는 감사의 표현이다. 은혜 받은 인간이 당연히 하나님께 올려 드리는 것이다.

우리가 열심히 찬양하고 헌금을 많이 내는 단순한 행위 때문에 하나님이 은혜를 주신다고 누구도 확신할 수 없다. 때론 우리 눈에 가치 없어 보이는 가난한 과부의 두 렙돈을 기뻐하시기도 하고, 아나니아와 삽비라같이 가진 전 재산의 절반을 드려도 기뻐하시지 않는 헌금이 있다.

지치고 피곤해서 초라한 모습으로 고백하는 한 마디의 찬양이 천 마디의 화려한 찬양보다 더 기쁘게 받으실 수 있다. 하나님은 중심을 보시기 때문에 우리가 하는 판단과 많이 다를 수 있다. 하지만 우리는 외모를 취하기 때문에 틀린 판단을 할 수 있다. 진정한 찬양은 헌금과 마찬가지로 중심을 보시는 하나님께서 판단하실 문제다. 그리고 하나님께서 필요 적절하게 은혜를 부어주실 것이다.

찬양은 당연히 드리는 것임을 다시 강조해도 지나치지 않다. 피조물이 창조주께 당연히 바치는 순수한 제물이 되어야 한다. 어떤 의도도 없이 하나님만 높이는 데 집중해야 한다. 찬양을 통해 은혜를 주시는가 아닌가보다 이미 주신 은혜가 있다는 것을 아는 것이 훨씬 더 중요하다. 그 사실 하나만으로 우리는 찬양할 수 있다. 예수 그리스도 그 한 분만으로 우리는 얼마든지 찬양할 수 있다. 그것 만으로도 충분히 완전한 은혜가 아닌가?

우리는 지금까지 받은 은혜만으로도 일평생 주님께 헌금해야 하고, 독생자를 아끼지 않으신 하나님의 사랑만으로 일평생 찬양해야 한다. 예수님을 십자가에 달려 죽게 하심으로 우리를 살리신 하나님이 무엇을 아끼시겠는가? 그 분을 신뢰함으로 100% 순도를 가지고 찬양해야 한다.

그러나 안타깝게도 우리의 현실은 그렇지 않은 것 같다. 찬양은 이미 은혜를 더 뽑아내기 위한 수단이 되어 버렸다. 왜 찬양이 수단화될 수밖에 없는가? 성경에 나타난 찬양을 보고 지금의 찬양과 무엇이 다른지 살펴볼 필요가 있다. 성경에 수없이 많이 나오는 찬양(찬송, 경배)이라는 단어가 포함된 구절들을 앞뒤 문맥과 함께 살펴보라. 그 답은 생각보다 간단하다. 그들은 삶이 곧 찬양이었다. 찬양이 삶의 부분이 아니라 전부였다.

하지만 우리는 주일 예배 한 번의 찬양으로 하나님을 만나려고 한다. 삶과 찬양이 분리되었다. 그러다보니 은혜 받으려는 수단으로 무엇이 좋을까 고민하게 되고 그 답으로 찬양을 생각한다.

물론 구약시대나 신약시대에 비해서 현대 생활은 훨씬 더 복잡하고 다양해서 삶의 전부를 드리기에 한계가 있다고 변명할 수도 있다. 그것을 인정하더라도, 우리의 찬양과 성경에 나타난 찬양은 너무 다르다. 그들에게 찬양은 일주일에 한번 예배드리기 전에 부르는 준비 찬양이 아니었다. 그들은 매일 매일이 하나님과의 깊은 사귐이었다. 매순간마다 하나님과 동행하며 하나님을 경험했다. 복을 주실 때도 감사했고 고난이 올 때도 하나님이 함께 하시기에 그 어려움을 극복해 나갔다. 복을 주실 때는 감사함으로 찬양했고 고난이 올 때는 지금까지 인도해 오신 에벤에셀의 하나님을 기대하며 찬양했다.

우리는 어떠한가? 주일 한 번의 찬양만으로 하나님을 만나겠다고 생각하고 있진 않은가? 그래서 그 한 번에 목숨을 걸고 찬양하는 것은 아닌가? 나는 이런 신앙을 조울증 신앙이라고 하고 싶다. 조울증은 우울증보다 더 위험한 정신질환이다. 우울증이 지속적인 우울함으로 인한 질병이라면, 조울증은 조증과 울증 즉, 마음이 들떠 있다가 다시 가라앉기를 반복하는 증상이다.

우리의 신앙이 주일 하루 혹은 참 좋은 분위기의 예배 한번으로 들뜨고 나머지 6일 동안 혹은 그 집회가 끝난 이후의 삶은 패잔병처럼 축 처져 사는 것이 아닌가 하는 생각을 해본다. 우리는 일주일 생활은 다 내 팽개치고 주일 하루만을 간신히 하나님께 드릴 때가 많다. 아니, 수요예배나 금요예배 또는 다른 찬양집회를 가더라도 마찬가지다. 우리에게 삶과 예배는 이미 분리되어 버렸다.

예배로 부르심을 받고 나와서 하나님을 찬양할 때 6일 동안 베풀어 주신 은혜를 기억하면서 감사로 예배의 자리에 나오는가? 혹시 우리의 관심사는 오늘 어떤 찬양곡이 나올 지, 밴드는 얼마나 잘하는지, 찬양팀은 어떤 옷을 입을지, 분위기는 어떨지 혹은 최근에 불리는 곡들의 성향은 어떤지, 내가 아는 곡을 부를지 등이 아닌가? 알게 모르게 이런 비본질적인 내용에만 관심을 가진 사람이 많다. 누구를 찬양하고 무엇을 찬양하는가에 관심이 있는 것이 아니라 어떻게 찬양할 것인가에 관심이 있다.

찬양 인도자로 예배하는 회중을 바라보면 하나님을 왜 찬양해야 하는지에 대한 분명한 이유를 가지고 그 자리로 나오는 사람이 많지 않다는 생각이 든다. 6일 동안 하나님을 경험하지 못했으니 주일 하루만큼이라도 하나님을 만나야겠다는 생각으로(이런 생각이라도 있다면 좋으련만) 최선을 다하는 모습은 참 좋은 마음이지만, 그러다보니 본의 아니게 그 찬양에 의도가 깔리게 된다. 찬양을 수단으로 은혜를 받겠다는 의도 말이다.

많은 사람들이 그것을 틀렸다고 말하지 않는다. 삶과 찬양이 분리되는데도 그나마 열심히 찬양하는 것을 기특하게 생각하는 듯하다. 하지만 그대로 두면 찬양은 은혜받기 위한 하나의 도구로 전락해 버릴 것이다. 찬양이 은혜를 위한 수단으로 공식처럼 삶에 진리인 양 자리잡을지 모른다. 이것은 신앙생활을 불행하게 만들 수 있다. 언뜻 보면 신앙적인 모습 같지만 지극히 불신앙적인 모습을 감춘 것이다. 그 속에는 위험성이 도사린다. '열심히' 하나님을 찬양하는 것과 '전심으로' 찬양하는 것은 다르다.

삶으로 찬양하고, 찬양하는 삶을 살아라
CHAPTER 17

우리는 성경의 한 부분만을 보고, 찬양하면 하나님이 능력을 베푸신다고 공식화해버릴 때가 많다. 이건 정말 착각이다. 찬양은 그 어떤 것의 조건도 될 수가 없다. 찬양이 하나님의 은혜를 얻어내기 위한 조건으로 전락하면 본래의 의미를 잃어버린다.

간혹 어떤 사람이 어려움에 처했음에도 불구하고 의지적으로 찬양했더니 하나님이 은혜를 주셨다는 이야기를 듣곤 한다. 이 이야기의 초점은 찬양이 아니라 하나님의 은혜가 되어야 한다. 찬양이 고난을 이겨내는 해법이라고 여긴다면 잘못 생각한 것이다. 찬양하면 복 받고 은혜 받는 줄로 착각하기도 한다. 그래서 찬양을 과도하게 강조한다. 그러나 찬양 자체에 능력이 있는 것은 아니다. 능력은 하나님으로부터 온다.

찬양이 수단화되면, 다시 말해 찬양이 은혜를 '받아내는' 도구가 되면 본질(내용) 보다는 형식(외형)이 강조되는 것은 당연한 결과다. 하나님께 좀더 큰 은혜를 받아내기 위해서는 관심을 끌어야 한다. 그러다보니 하늘을 향해 손을 드는 행동, 박수치는 행동, 발을 구르며 환호하는 행동 등이 강조된다. 성경에서 이런 행위는 매우 자연스러운 모습이었다. 하지만 현대 교회에서는 찬양을 '위한' 행위가 되어버렸다. 찬양을 할 때는 반드시 그렇게 해야 하는 것처럼 여기기도 한다.

더 큰 문제는 그러한 찬양 행위들이 신앙의 성숙을 가늠하는 잣대로 여겨질 때이다. 과연 찬양하는 모습만으로 신앙의 성숙도, 하나님과의 친밀도를 평가할 수 있을까? 일주일에 한 번 드려지는 예배에서 부르는 찬양만으로는 평가할 수 없다. 찬양이 삶이 될 때에야 비로소 진정한 찬양을 하는 것이다.

삶이 찬양이 된다는 의미는 매일 노래를 부르라는 말이 아니다. 매일 하나님을 의식하고 또한 의지하고 살라는 말이다. 찬양은 노래가 아니라 하나님이 하신 일에 대해서 감사하며 칭찬하는 것이기 때문이다. 진정한 찬양은 하나님과 관계를 맺고, 친밀하고 깊은 관계를 누릴 때에만 가능한 일이다.

어느 금요철야 예배 때 후임 찬양인도자에게 순서를 맡기고 회중석에 앉아 예배를 드렸다. 찬양이 시작되고 '주께 엎드려 경배드립니다' 라는 곡이 시작되었다. 앞에서 인도하는 자리에 내가 서 있었다면 아마도 두 손을 높이 들고 눈을 감은 채로, 내가 하나님께 집중한다는 표현을 적극적으로 했을 것이다. 그러나 나는 자리에 앉아서 눈을 감지도 손을 들지도 않았다. 기분 나쁜 일이 있어서도 아니고 피곤해서도 아니었다. 이미 나는 가사에 집중하고 있었다.

"하나님께 경배 드리는 이것이 내 기쁨이 맞습니다."라는 사실을 마음으로 고백하고 있었다. 빠르고 경쾌한 찬양이 나올 때도 나의 행동은 앞에서 인도할 때와 달리 매우 절제되었다. 입으로 찬양하지 않더라도 하나님께서 나와 함께 하신다는 사실을 생각하며 감사기도를 드렸다. 나는 그 경험을 통해 찬양인도자의 자리와 회중의 자리가 다름을 알았다. 찬양을 인도할 때 회중들의 반응은 눈에 보이는 모습으로 평가될 수 없음을 알게 된 것이다. 또 찬양 인도자로써 회중들 앞에 서서 본의 아니게(때론 의도적으로) 과장된 모습으로 찬양한다는 것을 인정하게 되었다.

그 이후로는 회중의 반응을 이끌어내기 위한 노력을 최소화한다. 내가 더욱 하나님께만 집중하겠다는 의지의 표현으로 찬양을 인도할 때 연주하던 기타도 내려놓았다. 기타가 전체 음악을 매끄럽게 하고 연주를 주도할 수 있다는 장점이 있지만 그 장점 때문에 하나님이 일하시는 것은 아니다. 오히려 기타를 다루는 일에 마음이 분산되는 것을 막을 수 있어서 나에게는 내려놓는 것이 더 편하다.

인간에게는 음악적인 욕구가 있기 때문에 불협화음을 들으면 감정에 균형이 깨지는 것은 사실이다. 또한 완벽한 하모니에 깊이 감동하는 것도 사실이다. 하지만 찬양은 그런 균형이나 하모니에만 의존해서는 안 된다. 지금과 같이 음악이 발전한 시대는 더욱 그렇다. 예배는 하나님의 주권 아래 있다. 중심을 보시는 하나님은 이미 회중 가운데 임하셔서 일하신다는 믿음이 있어야 한다. 다시 강조하지만, 하나님은 중심을 보신다. 사람은 외형을 먼저 보기 때문에 어느 정도 외형(구색)을 맞추는 것이 현실적이지만, 그것이 전부가 되서는 안 된다. 다시 한 번 기억하자면, 인간은 비본질에 쏠리는 본능적인 약함이 있다. 항상 본질로 돌아가려고 애쓰지 않으면 우린 늘 실수하기 쉬운 존재다.

일시적인 찬양이 아닌 삶으로 찬양하라

성경에서 하나님은 우리와 항상 함께 하시겠다고 말씀하신다. 하나님은 무소부재하시기에 온 피조물 가운데 함께 하신다. 하나님이 함께 하신다는 사실을 알고 믿는 것보다 더 중요한 것이 있는데, 그것은 에녹처럼 삶 속에서 그 분과 함께 걷고 있느냐다. 이것을 에녹이 하나님과 동행(walked with)했다고 성경은 말한다.

찬양을 통해 하나님을 경험한다고 말하는 사람도 있다. 하지만 일상의 삶 속에서 경험하지 못한 하나님을 찬양에서만 유독 경험한다면, 그 경험은 한낱 감정일 수 있다. 찬양을 통해서 하나님을 경험하는 것이 아니다. 하나님을 경험하면 찬양이 나온다. 같은 말인 것 같지만 그렇지가 않다. 정말 큰 차이가 있다. 이 차이점을 명확히 이해하고 찬양할 때 우리의 찬양이 성숙한다.

익숙해진 찬양 습관으로 하나님이 그 자리에 임재(with)하시는 것은 알지만 더 이상 하나님과 함께 삶을 걸어가진(walk) 못한다. 우리는 이것을 경계해야 한다. 지금 더 본질적으로 고민하고 애써야 하는 것은 그 찬양의 자리를 떠나서 하나님과 동행하느냐다. 삶에서 동행하면 찬양은 자연스럽게 나온다. 하나님의 일하심을 선포하지 않을 수 없다. 하지만 지금 우리의 모습은 어떠한가? 역시나 순서가 바뀌었다. 찬양을 하고 나서 하나님과 동행하겠다는 결단을 한다. 어떤 이유로든 이와 같은 결단은 긍정적이다. "찬양이 세상을 살아갈 힘을 준다."라는 말처럼 찬양이 수단화되면서 긍정적 효과가 있는 것은 사실이다. 하지만 찬양의 효과만 따라다니다가는 본질적인 찬양의 의미는 이 땅에서 사라지고 말 것이다. 삶의 결과로써 드리는 찬양, 하나님께 온전히 바치는 순도 높은 제물은 설 땅을 잃게 될 것이다.

"내가 너희 절기를 기뻐하지 않는다"라고 말씀하신 이유를 알지 않은가? 그런데 왜 그 모순에서 헤어나지 못하는가?

하나님의 명령에 따라 찬양해야 한다면 우리의 찬양은 의무감에서 출발하는 것이다. 그러나 하나님과의 관계 속에서 찬양한다면, 하나님을 신뢰하는 마음으로 우리 삶의 모든 영역에서 하나님을 높이게 된다.

Pure Praise

5 오호,
깨끗한 찬양이 살아남는다!

오래 전 이야기지만, 초등학교 때 반에서 꼴찌를 도맡아 하던 조카가 한명 있었다. 부족한 공부를 돕기 위해 이 아이를 가르칠 기회가 있었는데, 그때 중요한 사실을 알게 되었다. 아이가 공부를 못하는 데에는 이유가 있었다. 공부를 한다고 앉아 있는 그 아이의 책상에는 늘 자기가 잘하는 과목의 책만 펼쳐 있었다. 다시 말하면 굳이 열심히 안 해도 잘하는 과목만 열심히 하고, 꼭 해야 하는 과목은 열심히 하지 않았던 것이다. 시험공부를 할 때도 이미 잘하는 과목만 손을 댔다. 더 이상 안 해도 되는 것을 계속 파며 공부했다.

우리의 찬양도 이런 모습이 아닐까 생각해본다. 세계 어느 곳을 가도 교회마다 찬양은 예배의 꽃으로 부각되어 있다. 어느 교회에 들어가도 비슷한 사운드, 익숙한 곡 그리고 비슷한 스타일의 찬양을 한다. 어디를 가도 낯설지가 않다. 그만큼 찬양이 세계화되었다. 대중매체와 인터넷을 통해서 우리는 이미 세계 곳곳에서 찬양

Pure Praise

하는 모습을 많이 보아 알고 있다. 하지만 앞으로 찬양이 어떻게 변화해야 하는가에 대한 질문도 함께 고민해야 한다. 찬양에 대해서 이미 잘 알고 있는 것, 지금까지 관심 있었던 것 말고도 반드시 해야 하는데 안 하는 것은 없는지 전체의 흐름 속에서 살펴보아야 한다.

하드웨어 리셋, 소프트웨어 찬양!
CHAPTER 18

몇 년 전만 하더라도 많은 전통 교회들은 대예배 때나 본당에서는 찬송가만 부르도록 제한했다. 나 또한 중고등부 시절에 그런 경험을 했었다. 어쩌다가 복음성가를 부르거나 찬양 중에 박수를 치면 성도들에게서 따가운 눈총을 받아야 했다.

시간이 지남에 따라 찬양에 대한 인식도 점점 바뀌어 갔다. 예배의 역사적인 전승과 유산을 소중하게 간직하는 것도 중요하지만 시대적 정서를 무시해서도 안 된다는 생각이 널리 받아들여졌다. 시대 정서를 수용하지 못하는 예배의 경직성을 탈피하고 역동적인 예배로 회복하기 위해서 현대적 음악을 수용해야 한다는 주장이 여기저기서 터져 나왔다.

최근에는 찬송가의 폐쇄성에 대한 문제가 제기되어, 조금은 보완된 새찬송가로 보급되는 추세다. 찬송가는 1,800년 전후에 쓰였기 때문에 가사 내용이 너무 진부하다거나 멜로디가 단순해서 현대인의 정서에 맞지 않다는 것이었다. 게다가 이미 보다 대중적인 복음성가 혹은 CCM이라는 찬양 스타일이 교회에 보편화되다 보니 이런 주장이 더욱 힘을 얻었다.

새로운 찬양이 시작된 시점은 바로 '경배와 찬양 운동'과 'CCM의 등장'이라고 할 수 있다. 경배와 찬양은 대중 집회형식을 통해서, 그리고 CCM은 개인적인 콘서트 등을 통해서 그 범위를 넓혀 왔다. 선교단체들의 영향력이 기성교회에 크게 미친 것도 이때다.

이러한 변화를 나는 하드웨어적 찬양으로 변화한 것이라고 생각한다. 하드웨어는 소프트웨어를 담기 위한 형식이다. 찬양을 담기 위해 시대에 맞는 새로운 틀이 등장했다. 많은 젊은이들이 예배의 열정을 잃어버리고 교회를 떠나가자 그 대안으로 보다 자유로운 형식이면서 더욱 깊이 있게 하나님 앞으로 나아갈 수 있는 찬양 형태가 등장했다. 물론 이런 변화는 예배의 본질적 회복을 위해서도 중요한 역할을 했지만, 사람들은 무엇보다 획기적이고 새로운 형식의 찬양에 흥미를 느꼈다. 이런 점에서 교리 중심의 교회가 새로운 형식을 수용하는, 다시 말해서 교리라는 소프트웨어밖에 없던 교회가 역동성을 살릴 수 있는 하드웨어적 요소를 갖춘 것이라고 할 수 있다.

최근에 우후죽순으로 생겨나는 실용음악 혹은 기독교실용음악이라는 분야의 탄생을 보아도 알 수 있듯, 교회에서 사용되는 음악도 세상의 어느 음악에 뒤쳐지지 않을 만큼 발전했다. 더불어 구도자 중심의 예배 개념이 도입되면서 찬양이 날개를 달게 되었다. 찬양예배가 기획되고 음악과 시스템의 도움은 더욱 절실해졌다.

사람들은 교회가 예전보다 훨씬 더 세련되었다는 느낌을 받고 쉽게 다가갈 수 있는 곳으로 생각한다. 예배도 지루하지 않고 활기찬 모습을 띤다. 이러한 찬양 중심의 예배를 통해서 실제로 많은 교회들이 부흥을 경험했다. 찬양이 살아있는 교회가 부흥한다는 공식이 생길 정도다.

미국의 경우, 베이비붐 세대가 교회에 염증을 느끼고 이탈할 때, 그들의 정서에 맞는 찬양이 그들을 교회로 되돌아오게 했듯이, 예배가 하드웨어를 제대로 갖춘 찬양으로 말미암아 부흥한 것은 분명한 일이다.

교회성장학이라는 학문분야에서도 교회의 부흥은 곧 예배의 부흥임을 증명했고, 현대 예배에서 찬양은 교회 부흥에서 더욱 중요한 요소로 자리매김했다. 하지만 문제점이 없는 것은 아니다. 경배와 찬양이나 CCM과 같은 좋은 하드웨어들이 지나치게 강조된 나머지 원래 본질적으로 있어야 할 교회의 전통과 교리, 즉 소프트웨어가 약화되기 시작한다. 특히 찬양운동이 청년들을 중심으로 이루어지면서 미성숙하고 무분별한 청년들이 자신들의 것만이 옳은 양 전통을 거부하기에 이른다. 전통적인 예배는 영적이지 못하고 자신들의 방식에만 성령의 역사가 있는 것처럼 극단적인 생각을 한다. 지금 예배와 찬양 형식이 가장 좋은 것이고 앞으로 더 이상 좋은 형식은 등장하지 않을 것처럼 그 스타일을 고집하기에 이른다.

　내가 사역하는 교회 또한 똑같은 문제로 고민한다. 오전 7시 1부 예배를 시작으로 오후 3시에 5부 예배까지 드리는데, 특별히 5부 예배는 청년 중심으로 드리는 예배다. 여기서 청년 예배가 아니라 청년 중심으로 드리는 예배라고 말한 것은 장년층을 배제하지 않음을 강조하려는 것이다. 실제로 많은 장년들이 이 예배에 참석한다. 1-4부 예배는 전통적인 순서에 따라 예배하지만 5부 예배는 보다 자유롭게 진행한다.

　중고등부 학생들의 예배도 마찬가지이다. 장년들의 예배보다 훨씬 더 자유롭다. 각 예배마다 기본적인 예배 순서들은 있지만 그 순서들이 강조되지는 않는다. 이런 예배에 익숙한 젊은이들이 결혼을 하고 장년이 되어서 전통적인 예배 속으로 들어올 때 당연히 괴리감이 발생될 수밖에 없을 것이다. 그래서 이 괴리감을 어떻게 하면 최소화할 수 있는지 고민한다.

무엇보다도 가장 눈에 띄는 차이점이 바로 찬송가다. 찬송가를 접할 기회가 없다보니 찬송가를 모르는 젊은이들이 많고, 찬송가를 부르는 것은 그저 예배의 한 순서일 뿐이라는 생각이 굳어졌다. 복음성가나 CCM이라는 하드웨어가 주어지면 찬양하지만 찬송가라는 어색한 하드웨어에는 반응하지 않는다. 찬송가는 옛날부터 불러왔고 그래서 지금도 부르는, 그저 예배 순서에 있는 노래로만 생각한다.

우리는 포스트모더니즘 시대에 살고 있다. 포스트모더니즘 시대의 특징은 자유로움이다. 과학과 합리성으로 옳고 그름을 밝혀내고 그것을 모든 사람에게 강요하던 모더니즘 시대는 지나갔다. 지금까지 그랬듯이 역사는 진자운동처럼 균형을 잡는 방향으로 움직인다. 지금 이 시대의 흐름은 모더니즘에 반발하며 반대방향으로 향해 가는 진자의 추와 같이 움직인다.

현대 교회에 하드웨어가 충분히 펼쳐져 있다면 이제는 다시 본질적인 소프트웨어를 찾아 방향을 전환해야 할 때다. 형식에만 관심을 둘 것이 아니라 내용에 관심을 가져야 한다. 이제 화려하게 펼쳐진 하드웨어 안에 감추어진 핵심적인 소프트웨어, 즉 찬양의 본질을 점검해보아야 할 때임이 분명하다.

시대에 맞는 찬양이 있는가?

포스트모더니즘 시대에 두드러진 교회가 있다면 바로 이머징 처치이다. 말 그대로 '급부상하는 혹은 두드러진' 교회라고 할 수 있다. 하지만 이머징 처치에 대한 정의는 한마디로 내리기에 어려움이 있다. 이머징 처치라는 정해진 모델이 있어서 그 모델을 지향하는 교회들을 지칭하는 말이 아니기 때문이다. 이머징 처치는 어떤 모습으로든지 교회의 본질을 되찾으려고 노력하는 교회들을 통칭하는 말이라고 생각하는 것이 더 맞을 것이다.

이머징 처지라고 불리는 교회의 지도자들에게는 공통점이 있다. 그들은 쇼가 되어버린 예배에 대한 문제의식을 갖고 있다. 그들은 진정한 교회란 이 세상에서 어떤 모습이어야 하는가를 자문했다. 그들은 교회를 성장시키기 위해 사람들이 흥미로워하는 프로그램을 이용하지 않았다. 그들은 목적을 상실한 교회와 의무감에 빠져버린 예배에 싫증을 느꼈다.

이러한 이머징 처치를 보면서 혹시 지금까지의 찬양이 교회나 예배의 본질을 흐리는 데 한몫하지는 않았나 하는 의문을 품었다. 예배를 쇼로 만들고, 흥미를 유발하고, 교회로 사람들을 끌어들이는 데 일등공신이 찬양이었다고 말한다면 너무 과할까?

얼마전 미국에서 열린 이머징 처치 트렌드에 관한 컨퍼런스 기사를 신문에서 보았다. 그중에 특히 찬양 위주의 열린 예배에 익숙해진 교회들을 향해 일침을 가하는 내용이 있었다.

"더 이상 예배에서 찬양을 변화시킴으로 반응을 이끌어내려는 생각을 하지 말아야 한다. 크리스천은 이제 보다 더 근본적이고 깊이 생각할 수 있는 진정한 변화를 추구한다. 현대인은 하나님과 진정한 관계를 목말라 한다."

시대는 바뀐다. 교회성장은 더 이상 세상 사람들의 관심사가 아니다. 하나님 나라의 확장과 관계없는 교회의 양적 성장은 사람들에게 더 이상 가치 있는 일이 아니다. 교회 내부에서조차 교회의 양적 성장을 부정적으로 생각한다. 교회건축이나 교회확장에 대해서는 말할 것도 없고 먼 지역 사람을 끌어 모으려고 버스를 운행한다거나 물질 공세로 전도하는 것은 오래전부터 비판해왔다.

포스트모더니즘 시대는 절대적 가치에 반발하는 것이 특징이다. 절대적 가치에 반발하지만 모든 가치가 중요하지 않다는 뜻은 아니다. 오히려 자신들이 생각하는 최고 가치에 인생을 걸고 싶기 때문에 남들이 강제적으로 요구하는 절대가치를 거부한다. 그들에게 하나님이 절대가치로 인정된다면 그들은 과감히 삶을 수정해 나갈 것이다. 개신교가 하나님의 절대가치를 아무리 이야기한다고 해도 그것이 이 시대 사람들에게 중요한 가치로 여겨지지 않는 한 끝없는 평행선을 걷게 될 뿐이다.

이머징 처치는 포스트모더니즘 세대를 향해 그들이 가치 있게 느끼는 것을 들고 집요하게 파고들어간다. 선교지향적인 가치를 중요하게 여긴다. 때로는 화려한 찬양이나 웅장한 예배를 과감히 포기한다. 화려함과 웅장함을 포기한다는 의미지 찬양과 예배를 포기한다는 뜻은 아니다. 대신 성경의 본질을 탐구함으로써 시대의 요청에 맞는 가치들을 발견하고 새로운 시도를 통해 하나님 나라를 확장해 간다.

이제는 찬양 사역자들도 교회나 소속된 단체에서 '하나님 나라'라는 더 큰 비전을 마음에 담고 성경이 말하는 본질적인 찬양을 추구해야만 한다. 형식이라는 하드웨어에 의존하기 보다는 내용이라는 소프트웨어를 더 알차게 채워야 한다. 화려함과 대형화된 하드웨어가 우리를 더 침몰시키기 전에 이 시대를 향해 외치는 성령의 음성을 들어야 한다.

많은 교회들이 하는 찬양을 무조건 비판하려는 것이 아니다. 다만 그 찬양을 수용하는 사람들이 그것을 무가치하게 여길 수 있는 시대가 온다는 것을 강조하려는 것이다.

혼자 찬양하는가, 함께 찬양하는가?
CHAPTER 19

초대교회부터 지금까지 교회는 찬양하는 공동체였다(행 2:47). 그만큼 찬양은 예배에 빠질 수 없는 중요한 요소다. 찬양은 감사의 행위며 구원의 기쁨을 선포하는 신앙의 중요한 표현 행위다. 하지만 찬양이 시대에 따라 어떻게 변하고 교회 공동체에 어떤 역할을 했는지 간단하게 설명하기는 어렵다. 특히 신약 성경에서는 찬양에 대한 단편적인 묘사만이 등장하기 때문에 더욱 어렵다. 그나마 교회사를 통해서 예배에서 찬양이 어떻게 사용되어왔는지 흔적을 찾을 수 있을 뿐이다.

회중찬양이란 일반적으로 예배에 참여하는 사람들이 그들의 문화적 공감대를 가지고 주체적으로 찬양하는 것이라고 정의할 수 있다. 좀 더 쉽게 정의하면, 예배에 참여한 모든 사람이 예배의 주체로서 각자 하나님 앞에 서서 찬양한다는 의미가 될 수 있다.

과거로 거슬러 올라가면 초대교회 이후에 교회 예배음악은 전문적인 사람들이 주도했고 회중은 예배음악의 중심에서 배제되기도 했다. 스콜라 칸토룸(Schola Cantorum)과 같은 전문교육기관에서 교육받은 자들만이 예배음악에 참여할 수 있었다. 이들은 라틴어로 된 성가를 부르며 훈련된 사람이 찬양해야 경건하다는 의식을 가졌다. 이것이 바로 회중에게서 찬양을 빼앗은 역사의 시작이다.

중세를 거치면서도 여전히 회중은 예배음악에서 배제되었으며, 루터시대에 와서야 비로소 개혁을 통해 회중들이 찬양에 직접 참여하게 된다. 예배음악에서 회중을 배제한 역사는 결국 예배에서 회중의 참여 기회를 빼앗고, 결국 회중은 예배의 청중으로, 소극적 방관자로 변하게 되었다.

회중찬양은 교회의 개혁과 부흥의 시점마다 전통과 인습에 매여 예배의 본질이 생명력을 잃어 갈 때, 신앙회복을 위한 중요한 방법으로 자리매김해왔다.

이러한 관점에서 회중찬양의 성격(동시대적 문화의 적극적 수용과 회중이 주체적으로 찬양하는 것)을 지금의 찬양팀에서도 발견할 수 있다. 다시 말해서 '찬양팀'의 활성화가 회중찬양의 활성화로 연결될 수 있다. 회중이 직접 노래하도록 돕고, 회중이 직접 찬양 가운데 기도하게 함으로써, 찬양팀은 회중의 직접적 참여도를 높이는 데 크게 기여한다고 볼 수 있다. 역사적으로 회중찬양은 때론 사라지고 다시 활성화되면서 발전해왔다. 회중찬양을 중심으로 보면, 지금이 가장 왕성하게 발전한 중흥기라고 할 수 있다. 그러나 회중찬양이 우리를 예배에 직접 참여하도록 만드는 장점은 있지만, 여전히 위험한 함정이 존재한다. 마치 은사가 좋은 것임에도 불구하고 은사운동이 활발할 때 은사주의가 생기고 그 안에 병폐가 드러나는 것처럼 말이다.

회중찬양이 발전함에 따라 문제가 되는 것이 과연 무엇일까? 먼저 성경에 등장하는 찬양이 어떤 모습인지 살펴보았으면 한다. 성경은 찬양을 크게 공동체적 찬양과 개인 고백적 찬양으로 나눈다. 현대적으로 말하면 회중찬양과 개인찬양이다. 개인찬양이라는 용어는 낯설게 생각될 것이다. 하지만 다윗이 하나님 앞에서 혼자 시편을 노래한 모습을 생각하면 쉽게 연상된다. 우리도 종종 집에서 혼자 다룰 수 있는 악기로 혹은 목소리로 좋아하는 찬양곡을 부르지 않는가? 그렇게 이해하면 된다.

전통주의적 예배보다는 현대적 예배에서 회중찬양은 훨씬 더 역동적이다. 교회가 예배형식의 경계를 무너뜨리고 블랜드 처치(Blended church)로 변화하면서 지금은 많은 교회들이 회중찬양을 강조하고 촉진한다. 악기를 연주하는 팀도 프로급 연주자들이고 노래하는 싱어들도 훈련받은 사람들이 많다. 전체적으로 찬양팀의 구성이 고급스러워졌다. 또한 실력 못지않게 영적인 성숙을 많이 고려하기 때문에 회중찬양을 인도하는 찬양인도자와 찬양팀에게는 누구 못지않은 헌신이 요구되는 것도 사실이다. 하지만 현대의 회중찬양은 성경의 회중찬양과는 근본적으로 거리가 있다.

성경은 회중찬양을 어떻게 묘사하는가? 대표적인 예가 출애굽기에 나오는 모세와 미리암 그리고 이스라엘 백성의 하나님을 향한 찬양(노래)이다. 먼저 출애굽기 15장 1-3절을 보라.

> 이 때에 모세와 이스라엘 자손이 이 노래로 여호와께 노래하니 일렀으되 내가 여호와를 찬송하리니 그는 높고 영화로우심이요 말과 그 탄 자를 바다에 던지셨음이로다 여호와는 나의 힘이요 노래시며 나의 구원이시로다 그는 나의 하나님이시니 내가 그를 찬송할 것이요 내 아버지의 하나님이시니 내가 그를 높이리로다 여호와는 용사시니 여호와는 그의 이름이시로다.

이 노랫소리는 18절까지 이어진다. 그리고 다시 미리암이 화답하며 찬양하는 장면이 19절부터 이어진다. 출애굽기 15장 20-21절을 보라.

아론의 누이 선지자 미리암이 손에 소고를 잡으매 모든 여인도 그를 따라 나오며 소고를 잡고 춤추니 미리암이 그들에게 화답하여 이르되 너희는 여호와를 찬송하라 그는 높고 영화로우심이요 말과 그 탄 자를 바다에 던지셨음이로다 하였더라.

이 장면을 기도하는 마음으로 상상해보자. 노랫소리가 우리의 귓가에도 들리는 것 같지 않은가? 앞에는 인간으로서는 도저히 건널 수 없는 홍해바다가 놓여있고 뒤에서는 이스라엘 백성이 그렇게 무서워한 바로의 군대가 눈을 부릅뜨고 달려온다. 이스라엘 백성은 모두 이젠 죽었구나 하는 마음으로 두려워 떨었을 것이다. 모세를 향해 원망을 쏟아 놓기도 했을 것이다. 왜 우리를 여기까지 데려와서 죽게 만드느냐고 말이다. 그러나 하나님은 도저히 상상할 수도 없는 기적을 행하셨다. 바닷물이 양쪽으로 갈라지면서 땅이 드러났다. 그리고 이스라엘 백성은 양쪽 물기둥을 바라보면서 바닷길을 건넜다. 게다가 뒤쫓던 바로의 군대들은 모두 물속에 빠진다. 이 얼마나 기막힌 장면인가? 우리가 그 현장에 있었다면 이 상황이 월드컵 때 우리나라 선수가 골을 넣는 장면에 비교나 되겠는가? 누구랄 것도 없이 소리쳤을 것이다. 그 소리가 바로 출애굽기 15장의 말씀이다.

60만이나 되는 많은 사람들이 출애굽기 15장의 노래를 어떻게 불렀을지 상상해보라. 내 상상으로 이것은 노래라기보다는 땅이 울릴 정도의 함성이었을 것이다. 주체할 수 없는 몸부림이고 환호성이었을 것이다.

"하나님은 살아계셔! 하나님은 바다를 여셨어! 하나님이 애굽을 물리치셨어! 하나님이 우릴 살리셨어! 하나님 만세! 하나님 만세! 하나님을 찬양합니다! 하나님이 하셨습니다!" 이런 함성이 아니었을까?

미리암은 덩실덩실 춤을 추며 소고를 울리면서 소리 질렀을 것이다. "맞습니다. 하나님 너무 감사해요. 하나님 대단하십니다. 하나님 찬양받으시기에 합당하십니다. 하나님 만세! 하나님 만세!" 이렇게 소리치지 않았을까. 60만 명의 이스라엘 백성이 지휘자를 보면서 그 지휘에 맞추어 한 목소리로 노래를 불렀을까? 그건 불가능할 것이다.

우리는 여기서 성경에 나타난 공동체 찬양을 볼 수 있다. 성경이 보여주는 공동체 찬양은 하나님의 백성들이 하나님을 찬양할 수밖에 없는 상황에서 이루어졌다. 억지스러운 의무감에 하지 않았다. 우리가 6일 동안 세상에서 살다가 주일 하루 예배드리러 모여서 하는 찬양과는 다르다. 그들에게는 하나님을 찬양할 만한 공동체적 이유가 분명했다. 그들은 공동체적으로 하나님을 경험했다.

똑같은 하나님을 섬기는데 그들의 찬양은 우리와 너무나도 다르다. 무엇이 이런 차이를 만드는 것인가? 이스라엘이나 초대교회는 공동체가 강조된 시대였다. 하지만 우리는 공동체를 상실한 시대에 살고 있다. 그들은 삶과 죽음을 함께 했고 기쁨과 고난을 함께 나누었다. 그들의 삶에서 펼쳐진 생사희락의 중심에 늘 하나님이 함께 하셨다. 그러나 지금 우리는 기쁨을 공감하고 슬픔을 함께 나눌 공동체를 상실했다. 주일이 되면 우르르 몰려왔다 예배 시간이 지나면 다들 왔던 곳으로 돌아가는 것이 교회의 현실이다.

교회는 점점 대형화되고 대형교회를 가득 채우는 찬양을 부르지만, 옆에서 함께 예배하는 사람이 누구인지도 모른다. 한 주간 그 사람에게 어떤 일이 있었는지 알지 못한다. 찬양시간이 되어 연주가 흘러나오고 앞에 보이는 가사를 보며 입을 벌려 노래 부른다. 그 노래는 개개인의 노래일 뿐이다. 때론 옆 사람이 찬양하는 모습이나 소리를 거슬려하고 심지어 찬양하는 것을 자제하기까지 한다. 옆 사람을 배려하며 찬양해야 한다고 여기기도 한다. 예배당이라는 공간에 모여 있는 것만으로 공동체라고 부를 수 없다. 우리는 우리가 섬기는 하나님을 공동체적으로 찬양하는 힘을 잃어버렸다.

초대교회는 함께 떡을 떼고 교제하고 물질을 통용하며 하나님을 찬미하는 공동체였다. 그들의 모임을 상상해보라. 그 속에서 울리는 하나님을 향한 그들의 노래를 들어보라. 그리고 지금 우리의 예배와 찬양과 비교해보라. 그들의 노래는 하나님을 기쁘시게 하는 것일 뿐만 아니라 서로에 대한 신앙고백이었고 그 신앙고백을 기반으로 공동체를 견고하게 만들어 갔다.

나는 현대 교회에서 마음의 중심이 사라지고 화려함과 스타일로 불려지는 찬양을 플라시보 효과(Placebo Effect)에 빗대어 말하고 싶다. 플라시보 효과는 약물 성분이 없는 가짜 약으로 얻는 치료효과를 말한다. 플라시보란 '마음에 들도록 하자' 는 뜻의 라틴어이다. 실제 내복약으로는 유당·녹말 등으로 형태·색깔·맛 등을 실물과 똑같이 만들고, 주사약으로는 식염용액 등을 써서 환자에게 진짜 약이라고 투여하면 실제 30~40% 정도가 유효한 작용을 한다. 지금은 의약품을 처음으로 만들어 임상효과를 확인하기 위해서, 플라시보를 이용하는 것이 의무화돼 있을 정도로 의학과 약학 분야에서 광범위하게 사용된다고 한다.

본질적인 예배를 회복하기 위해서는 교회 공동체를 예수 공동체로 견고히 세우는 것이 핵심임에도 불구하고, 좀 더 효과적이고 쉬운 방법으로 찬양을 활용하는 것은 그저 '성도들 마음에 드는 교회'를 만들어 플라시보 효과를 주는 교회로 전락시키는 것을 말한다. 이때부터 본질적인 공동체를 지향하는 대신 공동체의 찬양을 인위적으로 만들기 시작함으로써 부정적인 영향에 기여한다.

앞서 언급한 것처럼 근대화와 더불어 교회성장의 관점에서 찬양예배는 많은 불신자들을 교회로 이끄는 데 기여했다. 찬양예배를 통한 하나님의 역사와 교회에 가져다 준 긍정적인 측면을 부인하려는 것이 아니다. 하지만 우리가 함께 고민해야 하는 것은 앞으로 다가올 시대의 교회와 그 흐름에 맞춘 찬양의 방향을 모색하는 것이다.

이런 상황에서 찬양 사역자들은 해결하기 어려운 문제에 봉착한다. 공동체의 영성을 상실한 회중들을 향해서 하나님을 한 아버지로 섬기는 공동체 찬양을 부르도록 해야 하기 때문이다. 성도 입장에서는, 일주일 내내 한 번도 하나님과 동행한다는 생각을 해보지 않았는데, 주일에는 버젓이 앉아서 주님을 사랑한다고 고백해야 한다. 찬양 사역자의 입장에서는, 그러한 성도들의 입을 떼어 노래를 부르도록 해야 한다. 이러한 대치 구도 때문에 찬양에 대한 방법론들이 쏟아져 나오기 시작한다. 찬양 방법, 콘티 작성 방법, 찬양 사역자의 자질, 악기는 어떻게 조율해야 하고 싱어들은 어떻게 해야 하고 등등 찬양을 위한 수많은 방법론이 제시된다.

불신자들을 교회로 초대하고 개방과 수용을 통해 젊은이들을 교회로 오게 하려고 시작된 찬양예배가 이젠 더 이상 불신자 대상이 아닌 기존 신자들을 대상으로 계속되는데 형식도 내용도 바뀐 것이 없다.

불신자들을 교회로 인도하려는 찬양예배와 지금의 찬양예배는 무엇이 다른가? 더 강력한 성령의 역사가 일어나고 더 뜨거운 열정이 나타나는가? 교회는 양적 성장에 파묻혀서 공동체를 상실했고 공동체를 상실한 교회의 찬양은 더 이상 성경에서 보여주는 원형의 찬양을 할 수 없게 되었다. 그렇다고 지금까지 해오던 찬양을 포기할 수도 없다. 찬양을 포기하면 교회의 정체성이 흔들릴 판이 되었다. 교회도 찬양도 더 이상 나아갈 데가 없다. 그저 이 시대의 찬양이 주님 오시는 그날까지 이어지는 마지막 찬양이길 막연히 기다릴 수밖에 없다.

찬양을 선도하는 선교단체나 찬양 집회는 교회와 상황이 다를 수 있다. 그들은 좀 더 강력한 공동의 목적을 가지고 모였다고 할 수 있다. 이미 하나님을 찬양하고자 하는 마음으로 예배에 임하는 자들이다. 그럼에도 불구하고 앞으로 다가올 시대의 찬양을 준비할 필요가 없는 것은 아니다. 불같은 찬양 후에 오는 공허함과 삶과의 괴리감을 극복하지 못한다면 그것 또한 그저 플라시보 효과에 지나지 않는다.

신앙은 허상이 아니다. 잠깐 있다 사라지는 신기루가 아니다. 공동체는 끝까지 책임질 수 있어야 한다. 일주일에 한 번 사람들을 모아 몇 십분 열심히 찬양하고 나서 무책임하게 세상에 방치해두는 공동체는 더 이상 가치 있는 모임으로 나아갈 수 없다.

특별히 미성숙한 청소년은 이러한 찬양이 마치 신앙의 전부인 것처럼 오해할 수 있다. 이것이 전부가 아니라는 사실을 알려줄 책임이 찬양 사역자에게 있다. 과연 다음 세대를 이끌어갈 청소년들에게 이 시대의 찬양을 그대로 남겨줄 것인가? 아니면 회복된 공동체를 남겨줄 것인가? 이것은 이분법적으로 하나는 맞고 하나는 틀리다는 이야기가 아니다. 본질적 공동체가 없는 찬양은 마치 울리는 꽹가리처럼 시끄러운 잡음이 될 수밖에 없다는 것이다. 진정한 하나님과의 인격적 만남은 공동체 속에서 일어나는 것임을 간과해서는 안 된다.

유행에 흔들리지 않는 찬양을 찾아라
CHAPTER 20

2007년 여름 우연찮게 미국에서 열린 집회 두 곳에 참여하게 되었다. 한 집회에는 조금 늦게 도착했는데 이미 찬양이 시작되었다. 그런데 이상한 점이 있었다. 찬양 인도자가 집회를 인도하고 회중도 함께 찬양을 하는데 가사를 비추는 자막이 없었다. 그러다가 한참 후에야 자막이 올라왔다. 나는 자막을 담당하는 사람의 실수라고만 여겼고 대수롭지 않게 생각했다. 그리고 몇 분이 지나고 다음 찬양이 시작되었다. 마찬가지로 여러 번 반복하며 찬양을 부르는데도 자막이 올라오지 않았다. 하지만 그것을 불평하는 사람은 아무도 없었고 오히려 하나님의 임재가 뜨겁게 느껴졌다. 일곱 번쯤 반복해서 찬양이 불렸을 때야 자막이 올라왔다. 그 이유를 알아보니 그곳에서 부르는 찬양은 80% 이상 즉흥적으로 만든 곡이라는 것이었다. 연주자도 싱어도 회중도 어떤 노래가 어떤 가사가 나올지 아무도 예측할 수 없는 상황이었다. 심지어는 찬양인도자도 마찬가지였다. 인도자가 피아노를 치며 하나님께 집중하고 그 순간에 곡을 만들고 가사도 만들었다.

하지만 정말 감명 깊었던 부분은 회중들의 반응이었다. 그들에게는 찬양 가사나 노래는 중요하지 않았다. 그들은 가사나 노래에서 이미 자유로웠다. 어떤 곡이 나오든 어떤 가사가 나오든 그것을 자신들의 고백으로 드린다는 것을 느낄 수 있었다. 그들은 찬양의 환경을 뛰어넘어 그 예배 시간을 자신과 하나님의 만남으로 철저하게 활용했다. 연주와 노래가 우선이 아니었고 하나님의 임재와 만남이 그들에겐 가장 중요했다. 나는 영어에 익숙한 것도 아니고 불리는 노래도 몰랐지만 어느덧 그들과 동참하고 있었다. 단순한 가사와 반복되는 음율 속에서 나는 하나님과의 만남이라는 본질 속으로 들어가고 있었다.

두 번째 집회는 우리가 잘 아는 신디 제이콥스의 집회였다. 말씀을 듣기 전 찬양이 시작되었는데 일반적인 교회에서 볼 수 있는 찬양팀의 모습이었다. 연주자들과 싱어가 있고 찬양인도자가 이끌어갔다. 30분쯤이 지났을까? 찬양인도자는 즉흥연주에 맞춰 "new sound"라는 외침을 반복했다. 시간이 흐르자 많은 사람들이 자기만의 소리로 찬양하기 시작했다. 그것은 준비되거나 예측된 상황이 아니었다.

그 집회는 3박 4일간의 일정으로 진행되었는데, 그동안 그런 식으로 찬양을 인도한 적은 없었다고 한다. 사람들은 손뼉으로 박자를 맞추었고, 어떤 이들은 랩으로 노래로 춤으로 그 찬양 속에 동참했다. 그들이 가지고 있는 모든 것이 찬양의 도구였다. 특정한 가사도 일정한 노래도 없었다. 그들 가운데 자유함이 있었다. 하지만 혼잡하지도 않았고 질서를 잃지도 않았다. 미국에서는 격식에 구애받지 않는 새로운 찬양이 시작되고 있었다.

이러한 찬양의 바람이 어떻게 그리고 얼마나 영향력을 발휘할지 아직까지는 미지수다. 분명히 그들은 아직 소수에 불과하다. 하지만 중요한 것은 이런 운동이 나온 이유가 무엇인지를 아는 일이다. 이머징 처치가 이 시대의 필요를 채우기 위해 하나님이 쓰시는 하나의 방법이라면 'new sound' 운동도 형식화되고 획일화된 찬양을 탈피하는 좋은 계기가 될지도 모른다.

이제 우리의 찬양을 돌아보자. 찬양하러 들어오는 순간부터 많은 사람들이 부담을 느낀다. 특히 잘 모르는 곡이 흘러나오면 예배에 소극적이 되고 움츠러들게 된다. 오히려 찬양이 하나님과의 만남을 방해하는 가장 큰 잡음이 되어버릴 수도 있다. 극단적인 경우에는 찬양시간을 피해서 예배에 나오기도 하는 아픈 현실이다. 오늘날의 찬양이 스타일이라는 틀로 만들어졌기 때문에 그 틀 속에 적극적으로 들어가지 않으면 찬양에서 소외될 수밖에 없다.

반대로 찬양인도자는 회중이 소외되지 않도록 많은 노력을 기울인다. 가나의 혼인잔치에서 동이 난 포도주 이야기를 들어 말했듯이, 찬양인도자들은 필연적으로 대안들을 만들어야 하는 부담감에 눌린다. 그들은 회중들을 의식할 수밖에 없는 위치에 놓였다. 하나님을 만나고 그 분을 찬양하는 본질에 대해 생각할 여유가 없다. 잘 짜인 찬양을 실수 없이 회중들과 마음을 맞춰서 성공적으로 끝내는 데 집중해야 한다. 이러다 보니 찬양은 감수성에 호소하게 되고, 좀 더 화려해야 하고, 좀 더 큰 사운드로 회중을 압도해야 할 뿐만 아니라 카리스마 있는 인도자가 필요하다.

예수님이 이 시대를 향해 '하나님을 마음에 두기 싫어하는' 세대라고 말씀하실 것만 같다. 과연 우리의 찬양이 하나님을 마음에 더 깊이 모시기 위한 진정한 예배인가? 아니면 분위기에 휩쓸려가게 만드는 잡음인가? 우리에게도 새로운 소리가 필요한 시점이 되었다. 어떤 제한도 없이 하나님만을 노래하는 새 노래가 필요하다.

화려함과 스타일로 넘어 다시 본질로
CHAPTER 21

　　　　　　　　　우리가 철저하게 믿는 것 가운데 잘못된 자기확신도 포함되어 있다. 그것은 많은 경험과 교육에 의한 결과물이다. 하지만 자기확신은 늘 불안정하다. 우리가 불완전한 존재이기 때문이다. 진리를 알 때만이 우리는 안정감을 누리며 모든 것으로부터 자유로울 수 있다. 자유롭게 하나님을 찬양하기 위해서, 본질은 소중하게 간직하고 비본질은 시대에 맞추어 변화시키면 된다. 비본질적인 것들이 익숙해져서 본질로 착각하도록 내버려 두면 안 된다. 몇 가지 착각하기 쉬운 내용들을 살피고 혹시라도 변해야 할 것이 있다면 과감히 변화시키며 나아갔으면 좋겠다.

　'최고(最高)의 하나님께 최상(最上)의 예배'를 드려야 한다는 문구를 본 적이 있을 것이다. 이 말이 의미하는 바를 누구나 안다. 하지만 이 문구에서 한계점은 최상의 예배가 되기 위해 화려함을 추구할 수밖에 없는 현실일 것이다. 왜 최상의 예배를 드리는 우리의 사역을 보면 그토록 화려할 수밖에 없는가? 그 예배는 아마도 중심을 가지고 철저하게 기도하며 준비되었을 것이다. 하지만 그 예배를 바라보는 사람들 입장에서는 문제가 발생할 여지가 있다.

인간은 중심을 보는 눈이 발달되지 않았다. 보이는 것에 치우쳐 안목의 정욕에 사로잡히기 쉬운 것이 인간이다. 그래서 그 한마디의 문구를 보는 많은 사람들은 특히 신앙이 미성숙한 사람일수록 '최상'이란 개념과 '화려함'을 동등하게 생각하기 쉽다. 더구나 화려한 외형에 침몰되지 않으면서 전심을 추구할 수 있는 사람이 얼마나 있을까? 내 찬양소리가 잡음처럼 들린 일은 우연이 아니었다. 어느 교회에도 뒤지지 않는 음향과 영상 시스템, 전문적인 연주자, 아름답고 웅장한 소리들 속에서 찬양이 왜 잡음처럼 느껴졌을까? 우리는 보이는 화려함속에서 보이지 않는 하나님을 발견하기 어려운 연약한 인간이다. 보이는 외형 속에 있는 중심을 쉽게 발견할 수 있을 만큼 대단하지 않다.

우리는 어쩔 수 없이 외형에 치우칠 수밖에 없는 사람들이다. 이런 위험성에도 불구하고 우리는 외형적 화려함을 포기하지 못한다. 그 이유가 어찌되었던 우리가 지금 고민해야 할 문제가 있다.

그것은 바로 화려함을 버리지 않으면서 전심으로 하나님을 향해 나아가는 것이 빠를지 아니면 화려함을 포기하고 전심으로 나아가는 것이 빠를지에 대한 문제 앞에서 정직하게 답하는 것이다. 세월이 흐를수록, 찬양 사역을 할수록 단순해지는 것이 화려해지는 것보다 어렵다는 것을 분명히 알게 된다.

예수님의 삶을 보라. 왜 예수님은 단순한 삶을 강조하셨을까? 인간이 복잡하고 화려한 삶에 빠져들기 쉽기 때문이다. 또 그것에 빠져서 허우적대는 인생이라는 것을 잘 아셨기 때문이다. 단순함이 현실적으로 어렵다고 할지라도 우리는 정직하게 스스로를 향해 역설(逆說)적 선포를 해야 할 때다. '최고의 하나님께 화려하지는 않지만 단순하고 순도 높은 예배'를 향한 몸부림이 있었으면 좋겠다.

화려함 속에서 잃어가는 전심을 되찾기 위해 고민해야 할 때임에 틀림없다. 하나님께서 기뻐하시는 본질을 찾아서 본질로만 매진해야 그나마 전심이라는 단어에 합당한 예배와 찬양으로 나아갈 수 있다. 우리가 잘 아는 가난한 과부가 드린 두 렙돈의 이야기를 통해 하나님께서 우리에게 전하시는 본질을 마음에 담아보기 원한다. 누가복음 21장 1절-4절까지의 말씀을 보라.

> 예수께서 눈을 들어 부자들이 헌금함에 헌금 넣는 것을 보시고 또 어떤 가난한 과부가 두 렙돈 넣는 것을 보시고 이르시되

내가 참으로 너희에게 말하노니 이 가난한 과부가 다른 모든 사람보다 많이 넣었도다 저들은 그 풍족한 중에서 헌금을 넣었거니와 이 과부는 그 가난한 중에서 자기가 가지고 있는 생활비 전부를 넣었느니라 하시니라.

렙돈은 그 당시 사용하던 가장 작은 화폐단위였다. 예수님은 풍족한 부자들이 헌금하는 모습을 보면서 책망하시진 않았지만 과부를 상대로 비교하심으로 그 풍족함이 하나님께 전부를 드릴 수 없게 만든다는 경고를 하신다. 하나님의 관심사는 온통 우리 마음에 있는데, 그것은 전심이냐 아니면 일부냐 하는 문제다. 과연 화려함이 전부를 드리는데 도움이 되는가? 그렇다면 선택하라. 하지만 그 화려함이 전부를 드리는 데 오히려 방해가 되는 잡음으로 다가온다면 과감히 잡음을 제거하는 데 힘을 쏟아야 한다.

비본질을 본질로 착각하도록 만드는 또 하나의 예가 있다면 그것은 예배 스타일이다. 오랜 시간동안 예배 스타일은 많은 논란이 되어왔다. 이런 스타일은 더 좋고 저런 스타일은 진부하고 등등의 논쟁이 있어왔다. 20년 전만 해도 드럼을 쓰느냐 마느냐에 대한 논쟁이 많았던 것을 알 것이다. 지금까지 교회는 고리타분한 전통교회와 열정적이고 현대적인 모습을 갖춘 교회로 구분해왔다. 예배 스타일이 교회를 구분하는 잣대가 된 것이다. 찬양은 어떻게 하는지, 통성기도를 크게 하는지, 손을 드는지, 목사님이 설교할 때 옷을 어떻게 입는지, 밴드가 있는지 등 예배하는 요소들로 교회를 구분했다.

최근 블랜드 처치(blended church)라는 개념이 소개되었는데, 이것은 전통적 예배의 모습과 현대적 예배의 모습을 다 포함하고 있다는 의미다. 이젠 장로교이건 감리교이건 오순절이건 교파에 상관없이 거의 비슷한 형식으로 예배를 드린다. 이렇게 혼합적인 형식에 가장 지대한 영향을 미친 것이 찬양이다.

요즘 대부분의 교회들이 현대적 감각의 찬송을 부른다. 찬송가보다는 복음성가나 CCM을 부르는 것이 대세다. 이것은 더 이상 중고등학생이나 청년들 사이에서만 볼 수 있는 현상이 아니다. 이러한 배경에는 불신자를 대상으로 하는 열린 예배의 역할이 컸다고 할 수 있다. 밴드 연주에 맞추어 찬양함으로써 세상의 불신자들이 더 친숙하게 다가오도록 한 것이 큰 효과를 본 것이다. 이렇듯 지금 교회의 찬양은 밴드 중심이다. 그리고 이러한 찬양이 살아있는 교회를 부흥하는 교회라고 일컫는 데 이의를 달 사람은 없을 것이다. 또한 부흥한 교회는 이런 형식으로 찬양한다. 그만큼 블랜드 처치에서 찬양의 역할이 크다고 할 수 있다.

이러한 이유로 지금 우리가 드리는 예배와 찬양이 가장 좋은 것이라고 착각할 수 있다. 또 스스로 판단해서 좋았던 예배를 닮아가기 원한다. 이 교회 저 교회 혹은 이 집회 저 집회를 쫓아다니고 연구하면서 좋다 나쁘다를 판단하기도 한다. 영적이고 폭발적이고 은혜로운 예배나 찬양을 보고, 그것을 따라가려다 눈에 보이는 형식만 흉내내는 오류를 범하지 말아야 한다.

게리 토마스(Gary Thomas)는 자신의 책 〈거룩한 길〉에서 사람들이 하나님께 나아가는 다양한 모습을 소개한다.

"자연주의자들은 자연 속에서 하나님에 대한 사랑을 가장 크게 느끼고, 감각주의자들은 그들의 감각으로 하나님을 사랑하는 데 청각뿐 아니라 시각, 미각, 후각 그리고 촉각을 모두 사용하는 아름다운 예배를 드린다. 전통주의자들은 의식, 성찬식, 상징 그리고 변하지 않는 구조 등을 통해 하나님께로 가까이 가고, 금욕주의자들은 고독과 단순함 속에서 하나님 사랑하기를 선호한다. 행동주의자들은 악과 맞서고 불의와 싸우며 세상을 더 나은 곳으로 만들기 위해 노력함으로써 하나님을 사랑하고, 박애주의자들은 다른 사람들을 사랑하고 그들의 필요를 채워줌으로써 하나님을 사랑한다. 열성적인 사람들은 찬양을 통해서, 묵상하는 사람들은 기도를 통해서 그리고 지식인들은 공부함으로써 하나님을 사랑한다."

토마스는 "하나님이 우리를 창조하실 때 계획과 의도를 가지고 모두 다른 모습으로 만드셨는데 왜 모든 사람이 같은 방법으로 하나님을 사랑해야 한다고 생각하는가?'라고 의문을 제기한다.

우리는 모두 다양한 모습을 한 하나님의 걸작품들이다. 예배나 찬양 스타일이 강조되는 순간 그것은 하나의 강요로 사람을 압박하기 시작할 것이다. 누군가에게 잘 맞는 스타일이 누군가에게는 수용할 수 없는 스타일일 수 있다. 스타일은 삶 속에서 다양한 경험을 통해 변할 수 있다. 결국 비본질이란 말이다. 스타일을 강조하는 교회나 모임에서 드려지는 예배나 찬양은 결코 모든 사람이 만족할 수 없다.

그렇다면 어떻게 해야 하는가? '형식이 없는 무형식주의자가 되란 말인가?'라고 반문 할 수 있을 것이다. 역시나 답은 말씀 속에 있다. 말씀을 현실에서 실천하기 어려울지라도 본질 속으로 들어가 그 진리의 말씀에 거하려고 애써야 한다. 요한복음 4장 23절의 말씀으로 돌아가야 한다.

> 너희는 알지 못하는 것을 예배하고 우리는 아는 것을 예배하노니 이는 구원이 유대인에게서 남이라 아버지께 참되게 예배하는 자들은 영과 진리로 예배할 때가 오나니 곧 이 때라 아버지께서는 자기에게 이렇게 예배하는 자들을 찾으시느니라.

또 한번 균형의 중요성을 강조하고 싶다. 너무나 영적인 분위기만 강조되어서 감성을 자극하는 예배도 반쪽자리밖에 될 수 없고, 반대로 진리만을 강조해서 이성적이기만 한다면 그것 또한 반쪽자리 예배가 될 수밖에 없다. 하나님이 원하시는 예배는 성령으로 충만하면서 또한 진리 위에 굳건한 예배다. 중요한 것은 균형이다.

이 말씀을 찬양에도 적용할 수 있다. 우리의 찬양이 불붙는 듯한 뜨거운 분위기 속에서 감성에만 치우쳐 있지는 않는지를 점검해 보아야 한다. 반대로 스스로 말씀 안에서 견고하게 서 있다는 이유로 냉랭한 모습으로 찬양하는 오류를 범하고 있지는 않은지 돌아보아야 한다.

잡음이 여러 가지 모양으로 우리의 예배와 찬양을 혼란시키고 하나님과의 만남을 방해하고 있다. 이 책을 쓰면서 우리가 함께 찾기 원한 것은 본질이다. 본질을 알면 비본질이 보이고 비본질을 알아야만 자유로울 수 있다. 이것이 영적인 원리다. 지금 이 시대의 예배와 찬양의 모습을 싸잡아서 잘못 되었다고 말하려는 것이 아니다. 다만 문제를 함께 나누고 성경적 찬양을 회복하는 것이 마땅하다고 생각한다.

찬양을 통해 메마른 심령이 회복되고 하나님께 영광 돌리는 일은 계속되어야 할 것이다. 그리고 지금 이대로 찬양해도 10년, 20년, 30년이 흐른 후에 문제될 것이 없을지 자문하고, 거기에서 잡음의 요소가 있다면 철저히 제거하고 참된 본질로 돌아가려고 노력해야 한다.

Pure Praise

부록
깨끗한 찬양을 위한 성경공부

CHAPTER 1 _ 하나님을 예배한다는 것은?

1. 예배란 무엇인가?

🎧 잡음 걸러내기

• 예배하는 곳이면 어디서든 하나님을 만날 수 있는가?

• 홍수같이 쏟아지는 수많은 예배 가운데서 당신은 올바르게 예배하고 있는가? 예배를 통해 하나님의 임재를 경험하는가?

• 하나님은 예배하는 행위를 원하실까? 아니면 우리 마음의 중심을 원하실까?

🎧 성경으로 돌아가기

① 시 29:2에서 말씀하는 예배의 뜻을 생각해 보라.
 • 여호와께 그의 이름에 합당한 영광을 돌리며 거룩한 옷을 입고 여호와께 예배할지어다

② '예배'라는 말의 어원이 되는 성경구절을 보며 다시 한 번 예배의 뜻을

정리해 보라. 시 99:5, 신 10:12, 요 4:24, 롬 12:1

- 너희는 여호와 우리 하나님을 높여 그 발등상 앞에서 경배할지어다 그는 거룩하시도다 시 99:5
- 이스라엘아 네 하나님 여호와께서 네게 요구하시는 것이 무엇이냐 곧
- 네 하나님 여호와를 경외하여 그 모든 도를 행하고 그를 사랑하며 마음을 다하고 뜻을 다하여 네 하나님 여호와를 섬기고 신 10:12
- 하나님은 영이시니 예배하는 자가 영과 진리로 예배할지니라 요 20:24
- 그러므로 형제들아 내가 하나님의 모든 자비하심으로 너희를 권하노니 너희 몸을 하나님이 기뻐하시는 거룩한 산 제사로 드리라 이는 너희의 드릴 영적 예배니라 롬 12:1

③ 요 4:24의 신령(in spirit)과 진리(in truth)로 드리는 예배란 무엇일까?

④ 당신에게 예배란 무엇인가?

🎧 포인트 짚기

예배, 그것은 최고의 가치

'예배'의 영어 단어인 'worship'은 'worth'와 'ship'의 합성어로써 가치있는 대상에게 그 가치만큼을 인정한다는 의미가 있다. 이런 의미에서 볼 때 올바른 예배는 하나님이 나에게 가장 중요한 가치로 자리매김하는가에서 시작된다.

예배, 그것은 실제적인 만남

예배를 보편적으로 설명하면 다음과 같다. 예배는 "하나님과 그의 백성간의 만남이다. 하나님은 백성에게 자신을 나타내시고 그의 백성들은 찬양과 감사로 이에 화답하는 것이다" 결국 하나님의 백성인 우리가 하나님을 예배하는 것은 가장 가치 있게 여기는 하나님께 최고의 찬양과 감사와 영광을 돌려드리는 것으로 이해할 수 있다.

예배의 어원

구약에서 가장 많이 사용한 단어는 "샤하(shachah)"시 99:5인데 이것은 '무릎을 꿇다' 혹은 '엎드리다'라는 의미다. 때로는 '뒤로 넘어지다'라는 뜻으로 사용되기도 한다. 또한 '아바드(abad)'신 10:12라는 단어도 있는데 이것은 '종이 주인을 섬긴다'는 의미다.

신약에서는 '프로스쿠네오(proskuneo)'요 4:24가 사용되는데, 이 의미는 '주인의 손에 입을 맞추다'라는 뜻이다. 하지만 형식적으로 입을 대는 정도가 아니라 자신보다 높은 주인에게 복종하며 존경을 표하기 위해 무릎을 꿇고 입을 맞추는 내적인 의미를 내포한다. '라트류오(ratreuo)'롬 12:1는 '받들어 섬긴다' 는 뜻이다.

예배자

신구약에 나타난 예배의 어원을 통해 진정한 예배자를 정의할 수 있다. 예배는 하나님을 경외하는 사람이며, 하나님의 종이 되어 그 분이 원하시는 일을 섬기는(봉사하는 혹은 순종하는) 사람이다. 성경에서 많은 지도자들이 자신이 하나님의 종임을 당당히 드러냈다. 하나님의 종이 된다는 것은 굴욕과 멍에가 아니라 대단한 특권이기 때문이다. '주의 궁정에서의 한 날이 다른 곳에서의 천 날보다 나은즉 악인의 장막에 사는 것보다 내 하나님의 성전 문지기로 있는 것이 좋사오니' 시편 84:10라는 다윗의 고백은 하나님 앞에 선 예배자의 진심이었음에 틀림없다. 우리의 예배는 이 두 가지의 균형을 잘 잡아야 한다. 하나님에 대한 경외감이 없는 종의 섬김은 가식으로 가득 찬 행동이며, 하나님을 경외한다고 하면서 하나님을 섬기지 않는다면 그것은 거짓된 마음이다.

영과 진리로 드리는 예배

신령과 진정으로 예배하라는 의미를 "최선을 다해서, 마음을 다해서, 정성을 다해서, 열심히" 정도로 이해한다면 완전하지 못한 이해다. 영어 성경은 "in spirit and in truth" 즉, "영적으로 그리고 진리 안에서" 예배하라고 한다.

하나님은 영이시기 때문에 우리의 육체와 지식만으로는 온전한 예배를 드릴 수 없으며, 성령님의 도우심으로 우리의 영이 깰 때에야 진정으로 예배할 수 있다. 또한 유일한 진리, 즉 구원의 진리이신 예수님을 통해서만 우리는 하나님 아버지 앞에 담대히 나아갈 수 있다. 그러므로 예배할 때마다 성령님의 충만한 임재를 사모하고 구원의 진리가 선포되도록 간구해야 한다.

2. 하나님께 나아가는 유일한 길

🎧 잡음 걸러내기

• 교회에 가는 것이 하나님께 나아가는 것이라고 생각하는가?

• 교회에 가는 것이 예배하는 것과 같은 의미인가?

🎧 성경으로 점검하기

* 히 10:1-22을 읽고 질문에 답하라.

¹ 율법은 장차 올 좋은 일의 그림자일 뿐이요 참 형상이 아니므로 해마다 늘 드리는 같은 제사로는 나아오는 자들을 언제나 온전하게 할 수 없느니라 ² 그렇지 아니하면 섬기는 자들이 단번에 정결하게 되어 다시 죄를 깨닫는 일이 없으리니 어찌 제사 드리는 일을 그치지 아니하였으리요 ³ 그러나 이 제사들에는 해마다 죄를 생각하게 하는 것이 있나니 ⁴ 이는 황소와 염소의 피가 능히 죄를 없이 하지 못함이라 ⁵ 그러므로 세상에 임하실 때에 이르시되 하나님이 제사와 예물을 원하지 아니하시고 오직 나를 위하여 한 몸을 예비하셨도다 ⁶ 번제와 속죄제는 기뻐하지 아니하시나니 ⁷ 이에 내가 말하기를 하나님이여 보시옵소서 두루마리 책에 나를 가리켜 기록된 것과 같이 하나님의 뜻을 행하러 왔나이다 하셨느니라 ⁸ 위에 말씀하시기를 주께서는 제사와 예물과 번제와 속죄제는 원하지도 아니하고 기뻐하지도 아니하신다 하셨고 (이는 다 율법을 따라 드리는 것이라) ⁹ 그 후에 말씀하시기를 보시옵소서 내가 하나님의 뜻을 행하러 왔나이다 하셨으니 그 첫 것을 폐하심은 둘째 것을 세우려 하심이라 ¹⁰ 이 뜻을 따라 예수 그리스도의 몸을 단번에 드리심으로 말미암아 우리가 거룩함을 얻었노라 히 10:1-10

① 구약시대의 성막은 어떻게 구성되었는가? 2-5절

② 8-9절 말씀을 자신의 말로 설명해 보라.

③ 예수님이 십자가에서 죽으심은 무엇을 의미하는가? 히 10:11-12

¹¹ 제사장마다 매일 서서 섬기며 자주 같은 제사를 드리되 이 제사는 언제든지 죄를 없게 하지 못하거니와 ¹² 오직 그리스도는 죄를 위하여 한 영원한 제사를 드리시고 하나님 우편에 앉으사

④ 그 결과로 우리는 어떤 존재가 되었는가? 히 10:14

• 저가 한 제물로 거룩하게 된 자들을 영원히 온전케 하셨느니라

⑤ 완전한 제물이 되신 예수님으로 인해 우리가 하나님께 나아갈 수 있는 거룩한 존재가 되었다면, 우리는 무엇을 가지고 하나님 앞에 나아가야 하는가? 히 10:19-22

¹⁹ 그러므로 형제들아 우리가 예수의 피를 힘입어 성소에 들어갈 담력을 얻었나니 ²⁰ 그 길은 우리를 위하여 휘장 가운데로 열어 놓으신 새로운 산 길이요 휘장은 곧 그의 육체니라 ²¹ 또 하나님의 집 다스리는 큰 제사장이 계시매 ²² 우리가 마음에 뿌림을 받아 악한 양심으로부터 벗어나고 몸을 맑은 물로 씻음을 받았으니 참 마음과 온전한 믿음으로 하나님께 나아가자

🎧 포인트 짚기

열심히 예배하라

예배는 하나님과의 만남을 의미하는데 어떻게 해야 하나님을 만날 수 있을까? 우리는 이 부분을 너무 쉽게 생각하는 경향이 있다. 교회에 가기만 하면 하나님을 만난다고 생각하며, 성경을 읽고, 찬양하고, 기도하면 당연히 하나님을 만날 것으로 믿는다. 여기에 "열심히"라는 단어만 덧붙이면 하나님을 만나기가 더 쉬워질 것으로 생각한다. 그래서 열심히 교회 나가고, 정열적으로 찬양하고 땀을 쏟아 기도한다. 하지만 그것은 하나님과의 만남으로 인도하지 못한다.

올바른 예배자

올바른 예배를 하나님께 드리는 일은 우리의 열심만으로는 되지 않는다. 예수님의 대속의 죽음을 바로 알고 주님이 걸어가신 그 십자가의 길 위에 서 있어야만 한다. 참 마음과 온전한 믿음(with a true heart in fullness of faith)을 가지고 그 길을 걸어갈 때 비로소 하나님께로 한 걸음씩 나아갈 수 있다.

하나님께 나아갈 때

'드림'(offering, sacrifice)이라는 히브리 단어는 '콰라브(qarab)'입니다. 이 말은 '가까이 나아간다, 접근하다' 라는 뜻이다. 즉, 하나님께 더 가까이 나아가기 위한 제물을 말한다. 우리에게는 더 이상 하나님께 나아갈 다른 제물이 필요 없다. 예수 그리스도께서 단 한 번의 죽으심으로 구약의 모든 희생제물을 대신하셨기 때문이다. 우리는 예수 그리스도의 보혈로 담대히 지성소로 나아가 하나님을 만날 수 있는 존재가 되었다.

'드림'은 이러한 회복된 관계 속에서 이해해야 한다. 그렇다면 하나님을 예배할 때 우리가 무엇을 드릴 수 있을까? 우리가 하나님께 드릴 수 있는 대표적인 것은 진심을 담아 드리는 감사다. 이러한 감사를 표현하기 위해 헌금도 하고, 노래로, 기도로 그 마음을 표현하여 드릴 수 있다. 특별히 찬양은 예배하는 사람이 하나님께 드릴 수 있는 향기로운 제물이다. 삼하 22:5, 대상 29:13

🎧 예배의 동기 점검하기

① 내가 예배하는 이유는 무엇인가?

② 나는 무엇을 가지고 예배로 나아가는가?

🎧 깨끗한 찬양을 위한 나의 결단! (깨달은 점 정리)

_____

_____

_____

_____

_____

CHAPTER 2 _ 하나님을 찬양한다는 것은?

1. 올바른 경배로 찬양을 배우라

🎧 잡음 걸러내기

- 경배와 찬양은 같은 말인가?

- 우리가 하나님을 예배할 때 '찬양을 통해(through praise)' 하나님께 나아가는 것인가? 아니면 '찬양과 함께(with praise)' 나아가는 것인가?

🎧 성경으로 돌아가기

* 마 4:8-10을 읽고 질문에 대한 답을 적어 보십시오.

> [8] 마귀가 또 그를 데리고 지극히 높은 산으로 가서 천하 만국과 그 영광을 보여 [9] 이르되 만일 내게 엎드려 경배하면 이 모든 것을 네게 주리라 [10] 이에 예수께서 말씀하시되 사탄아 물러가라 기록되었으되 주 너의 하나님께 경배하고 다만 그를 섬기라 하였느니라

① 경배란 무엇인가? 당신이 아는 대로 정리해 보라.

② 사단이 예수께 원하는 것이 무엇인가? 9절

③ 예수님의 대답은 무엇입니까? 10절

④ 하나님이 원하시는 경배와 사단이 원하는 경배의 차이점은 무엇이라고 생각하는가?

🎧 포인트 짚기

경배, 하나님께 나아감
경배의 어원은 예배와 같은데 굳이 구별을 하자면, 예배는 구약의 제사와 같이 형식과 순서들을 모두 포함한 과정이라고 할 수 있고, 경배는 그 예배 속에 가져야 할 태도라고 볼 수 있다.
경배는 '하나님 앞으로 나아감', '무릎을 꿇음' 그리고 '입맞춤'으로 정의할 수 있는데 이 의미들을 하나로 합치면 하나님 앞에 나아가 무릎 꿇고 입 맞춘다는 것이다. '하나님 앞에 나아간다'는 것은 하나님을 의지하는 존재임을 고백하는 것이고, '무릎을 꿇는다'는 것은 하나님의 거룩하심 앞에 피조물로서의 낮아짐을 의미하며, '입맞춤'은 하나님께 대한 존경과 경외감과 사랑의 표시라고 할 수 있다. 그렇기 때문에 경배는 피조물이 창조주에게 드릴 수 있는 가장 가치있는 행위다.

찬양, 하나님을 자랑함

찬양은 하나님의 성품과 하나님이 하신 일에 대한 자랑, 선포, 감사, 기쁨을 표현하는 몸짓이나 연주, 노래 등을 총칭하는 말이다. 찬양은 경배와 떨어져서 생각할 수 없는데, 하나님을 경배하는 태도를 가지고 하나님을 높여드려야 하기 때문이다. 하나님을 경배하는 마음이 없다면 찬양할 수도 없다. 그렇기 때문에 올바른 경배의 의미를 발견하는 것 또한 찬양의 본질을 이해하는데 매우 중요하다.

하나님이 원하시는 경배

사단이 원하는 경배와 우리가 하나님을 경배하는 것과는 완전히 다르다. 하나님은 사랑의 마음을 담은 입맞춤을 원하시지만, 사단은 예수님과 우리에게 사랑받기를 원하는 것이 아니다. 하나님은 우리의 경배를 통해 하나님과 깊은 사랑의 관계를 맺고 싶어 하시지만, 사단은 우리와 사랑의 관계를 맺고 싶은 것이 아니라 그저 자기에게 무릎 꿇기를 원한다. 그리고 자기에게 무릎 꿇는 자를 옴짝달싹하지 못하게 포박하겠다는 것이다. 그것이 사단이 원하는 경배다. 하나님을 경배하는 것이나 사단을 경배하는 것이 외형적으로는 똑같아 보일 수 있다. 하지만 사실은 엄청난 차이가 있다. 하나님을 경배하는 것은 곧 하나님을 사랑하는 것이다. 경배 흉내만 내는 것으로는 부족하다. 우리의 찬양도 마찬가지다. 콘서트홀에서 흘러 나오는 음악소리와 박수치며 환호하고 춤을 추는 사람들의 모습은 우리가 하나님을 찬양할 때와 외형적으로 흡사할 수 있다. 하지만 하나님이 원하시는 찬양은 멋지게 연주하고 즐겁게 노래하고 소리치고, 온몸으로 춤을 추는 찬양이 아니다. 그 찬양 안에 연주하는 이유와 노래하는 이유와 소리치고 춤추는 이유가 분명한 찬양을 원하신다. 그 이유는 바로 하나님을 사랑하기 때문이어야 한다. 이것이 진정한 찬양의 정신(Praise Spirit)이다.

2. 예수님께 찬양을 배우라

🎧 잡음 걸러내기

• 찬양은 하고 싶을 때만 하는 것인가?

• 찬양은 하나님이 나에게 잘 해주실 때만 하는가?

🎧 성경으로 점검하기

* 눅 10:17-20을 읽고 질문에 답하라.

> [17] 칠십 인이 기뻐하며 돌아와 이르되 주여 주의 이름이면 귀신들도 우리에게 항복하더이다 [18] 예수께서 이르시되 사탄이 하늘로부터 번개 같이 떨어지는 것을 내가 보았노라 [19] 내가 너희에게 뱀과 전갈을 밟으며 원수의 모든 능력을 제어할 권능을 주었으니 너희를 해칠 자가 결코 없으리라 [20] 그러나 귀신들이 너희에게 항복하는 것으로 기뻐하지 말고 너희 이름이 하늘에 기록된 것으로 기뻐하라 하시니라

① 제자들은 무엇 때문에 기뻐했는가? 17절

② 예수님은 무엇 때문에 기뻐하라고 하시는가? 20절

③ 예수님의 말씀을 들었을 때 제자들이 어떤 기분이었을지 생각해보라.

④ 오늘도 내가 구원받았다는 감격과 기쁨으로 찬양하고 있는가? 아니면 찬양을 위한 다른 기쁨이 더 필요한가?

⑤ 우리가 항상 기뻐할 이유는 무엇인가? 빌 4:4, 살전 5:16-18
- 주 안에서 항상 기뻐하라 내가 다시 말하노니 기뻐하라 빌 4:4
- 항상 기뻐하라 쉬지 말고 기도하라 범사에 감사하라 이것이 그리스도 예수 안에서 너희를 향하신 하나님의 뜻이니라 살전 5:16-18 16

포인트 짚기

찬양의 가장 큰 이유
찬양해야 할 첫 번째 이유는 영원히 죽을 수 밖에 없는 우리가 하나님의 은혜로 구원받았다는 사실이다. 그렇기 때문에 찬양은 철저히 '드림(offering)'의 정신을 가져야 한다. 무엇을 얻거나 받기 위한 목적으로 사용해서는 안된다. 변하지 않는 구원의 진리 위에 세워진 찬양이 아니라 언제든지 목적에 따라 바뀔 수 있는 모래 위에 세워진 찬양은 아닌지 늘 점검해야 한다.

기쁨을 뛰어넘는 찬양의 이유
본문에서 '기뻐하다'는 표현의 원어는 '카이로'라는 영어 단어 "rejoice"와 같은 의미다. 제자들은 예수님 앞에서 주체할 수 없는 기쁨으로 자신들이 한 일들을 말하기 시작했을 것이다. 그러나 예수님은 찬물을 끼얹듯이 제자들에게 말씀하신다. "그러나 귀신들이 너희에게 항복하는 것으로 기뻐하지 말고 너희 이름이 하늘에 기록된 것으로 기뻐하라 하시니라"

예수님은 제자들의 기쁨이 어디에서 비롯한 것인지 정확히 아셨다. 그들은 귀신들이 항복한 것으로 기뻐했다. 예수님은 제자들이 간과한, 보이지 않지만 더 중요한 본질이 있음을 정확히 지적하셨다. 우리가 기뻐해야 할 본질적인 이유가 무엇인지를 알려주신 것이다. 지금 당장 기뻐할 이유로 찬양하지 말고 항상 기뻐하는 자가 되라고 하신다.

찬양해야 할 변하지 않는 이유

우리는 종종 찬양할 수 없는 상황이 닥치면 이렇게 말한다. "오늘은 컨디션이 안 좋아서 찬양을 못하겠어" 혹은 "오늘 하루 종일 좋지 않은 일이 있어서 우울해, 이런 마음으론 찬양 못하겠어." 라고 한다.

이 땅의 삶이 수고롭고 힘들다는 것을 누가 부인할 수 있겠는가? 하지만 이러한 환경 때문에 우리가 찬양할 수 있는 날과 없는 날을 구분하게 된다면 우리는 진정한 찬양의 의미를 모르는 것이다. 눈에 보이는 상황과 결과에 언제까지 끌려 다니려는가? 그러므로 우리의 존재가 찬양의 이유여야 한다. 우리가 천국백성이라는 사실만으로 찬양의 충분한 이유가 되어야 한다.

🎧 **찬양의 동기를 점검하기**

① 나는 하나님을 경배하는 마음으로 찬양하는가?

② 내 생활 속에서 구원의 기쁨을 인식하는가?

🎧 깨끗한 찬양을 위한 나의 결단! (깨달은 점 정리)

_____
_____
_____
_____
_____

묵/상/공/간

CHAPTER 3 _ 찬양은 수단인가?

1. 여호사밧의 찬양 - 선후관계를 분명히 알라

잡음 걸러내기

• 우리가 찬양하면 하나님이 능력을 베푸시는가?

• 어려움을 겪을 때 찬양하면 문제가 해결될 것을 믿는가?

  혹은 그런 경험을 한 적이 있는가?

• 찬양은 고난을 이겨내는 해결방법이라고 생각하는가?

성경으로 돌아가기

* 대하 20:15-23 을 읽고 질문에 답하라.

  ¹⁵ 야하시엘이 이르되 온 유다와 예루살렘 주민과 여호사밧 왕이여 들을지어다 여호와께서 이같이 너희에게 말씀하시기를 이 큰 무리로 말미암아 두려워하거나 놀라지 말라 이 전쟁은 너희에게 속한 것이 아니요 하나님

께 속한 것이니라 ¹⁶ 내일 너희는 그들에게로 내려가라 저희가 시스 고개로 올라 올 때에 너희가 골짜기 어귀 여루엘 들 앞에서 만나려니와 ¹⁷ 이 전쟁에는 너희가 싸울 것이 없나니 대열을 이루고 서서 너희와 함께한 여호와가 구원하는 것을 보라 유다와 예루살렘아 너희는 두려워하며 놀라지 말고 내일 그들을 맞서 나가라 여호와가 너희와 함께 하리라 하셨느니라 하매 ¹⁸ 여호사밧이 몸을 굽혀 얼굴을 땅에 대니 온 유다와 예루살렘 주민들도 여호와 앞에 엎드려 여호와께 경배하고 ¹⁹ 그핫 자손과 고라 자손에게 속한 레위 사람들은 서서 심히 큰 소리로 이스라엘 하나님 여호와를 찬송하니라 ²⁰ 이에 백성들이 아침에 일찌기 일어나서 드고아 들로 나가니라 나갈 때에 여호사밧이 서서 이르되 유다와 예루살렘 주민들아 내 말을 들을지어다 너희는 너희 하나님 여호와를 신뢰하라 그리하면 견고히 서리라 그의 선지자들을 신뢰하라 그리하면 형통하리라 하고 ²¹ 백성과 더불어 의논하고 노래하는 자를 택하여 거룩한 예복을 입히고 군대 앞에서 행진하며 여호와를 찬송하여 이르기를 여호와께 감사하세 그의 인자하심이 영원하도다 하게 하였더니 ²² 그 노래와 찬송이 시작될 때에 여호와께서 복병을 두어 유다를 치러 온 암몬 자손과 모압과 세일 산 주민들을 치게 하시므로 그들이 패하였으니 ²³ 곧 암몬과 모압 자손이 일어나 세일 산 주민들을 쳐서 진멸하고 세일 주민들을 멸한 후에는 그들이 서로 쳐죽였더라

① 하나님이 이스라엘 백성에게 요구하신 것은 무엇인가? 15-17절

② 그 말씀을 들은 이스라엘 백성의 태도는 어떠했는가? 18-19절

③ 백성들이 찬양하는 내용은 무엇이었는가? 20-21절

④ 이스라엘의 찬송이 시작되자 어떤 일이 일어났는가? 22-23절

⑤ 여호사밧이 노래하는 자를 택하여 군대 앞에 세운 이유는 무엇이라고 생각하는가?

⑥ 여호사밧의 찬양이 오늘날의 찬양과 다른 차이점이 있다면 무엇일까?
이스라엘이 전쟁에서 승리한 이유는 무엇이라고 생각하는가?

🎧 포인트 짚기

보라!
이 본문의 장면은 매우 감격스러운 광경이다. 하나님이 친히 이 전쟁이 당신께 속하였다고 말씀하시면서, 백성들은 싸울 필요 없고 단지 하나님이 어떻게 승리하시는지를 '보라'고 말씀하신다. 우리 인간의 편에서 다만 해야 할 일은 전쟁터로 나가서 하나님이 어떻게 하시는지 그저 보기만 하면 된다. 전쟁을 시작하는 당일에 여호사밧은 노래하는 자를 택하여 앞서 보내고 찬송을 시작한다. 찬양대를 조직하는 것은 하나님께서 시킨 일이 아니었다. 왜 여호사밧이 찬양대를 조직했는지 그 이유는 정확히 기록되지 않았다.

찬양은 명령이 아니다

22절에 "그 노래와 찬양이 시작될 때"라는 구절을 통해 찬양의 능력을 강조한다면 성경전체보다 부분을 보는 오류를 범하게 된다. 하나님은 찬양대를 요구하지 않으셨고 그 찬양대 때문에 승리를 주시는 분도 아니다. 하나님께서 원하신 것은 그저 서서 하나님이 주시는 승리를 보는 것이었다. 하나님께서 그들의 찬양을 기뻐하셨다면 그것은 이미 승리를 주신 하나님에 대한 승리의 선포였기 때문이다.

찬양은 조건이 아니다

간혹 어떤 사람이 갑자기 어려움이 왔음에도 불구하고 의지적으로 찬양했더니 하나님이 은혜를 주셨다는 이야기를 듣곤 한다. 우리는 찬양하면 하나님이 능력을 베푸신다는 식의 공식을 만들기 쉽다. 하지만 찬양이 하나님의 은혜를 받는 조건으로 전락해버리는 순간 찬양은 본래의 의미를 잃어버린다. 능력은 하나님으로부터만 온다. 찬양을 한다고 능력을 경험하는 것이 아니라, 하나님을 경험하면 찬양이 나온다. 비슷한 말 같지만 정말 큰 차이가 있다. 이 순서를 바꾸면 신앙이 혼란스러워진다. 우리의 찬양은 이 차이점을 명확히 할 때 성숙한다.

찬양은 자연스러운 선포이다

신앙에서 중요한 것은 선후관계를 명확히 하는 것이다. 순서가 바뀌면 우리 신앙은 혼돈스러워질 수밖에 없다. 찬양을 했기 때문에 승리가 온 것이 아니다. 이스라엘 백성은 두려워서 찬양을 전쟁의 도구로 사용한 것이 아니라 하나님이 이미 주신 승리를 믿고 찬양을 선포했다. 무엇이 먼저이고 무엇이 나중인지 순서가 바뀌는 순간 찬양은 전쟁에서 승리하기 위한 도구로 전락해 버린다. 찬양은 승리를 이끌어내는 도구가 아니라 이미 주신 승리의 결과로부터 터져 나오는 극히 자연스러운 선포여야 한다.

2. 엘리와 그 아들의 실수 - 스타일에 매인 찬양

🎧 잡음 걸러내기

• 은혜를 받기 위해 특별히 선택하는 찬양이나 스타일이 있는가?
  혹은 자신의 스타일에 맞지 않는 찬양이 있다고 생각하는가?

🎧 성경으로 점검하기

* 삼상 4:1-11을 읽고 질문에 답하라.

> ¹ 사무엘의 말이 온 이스라엘에 전파되니라 이스라엘은 나가서 블레셋 사람들과 싸우려고 에벤에셀 곁에 진 치고 블레셋 사람들은 아벡에 진 쳤더니 ² 블레셋 사람들이 이스라엘에 대하여 전열을 벌이니라 그 둘이 싸우다가 이스라엘이 블레셋 사람들 앞에서 패하여 그들에게 전쟁에서 죽임을 당한 군사가 사천 명 가량이라 ³ 백성이 진영으로 돌아오매 이스라엘 장로들이 이르되 여호와께서 어찌하여 우리에게 오늘 블레셋 사람들 앞에 패하게 하셨는고 여호와의 언약궤를 실로에서 우리에게로 가져다가 우리 중에 있게 하여 그것으로 우리를 우리 원수들의 손에서 구원하게 하자 하니 ⁴ 이에 백성이 실로에 사람을 보내어 그룹 사이에 계신 만군의 여호와의 언약궤를 거기서 가져왔고 엘리의 두 아들 홉니와 비느하스는 하나님

의 언약궤와 함께 거기에 있었더라 [5] 여호와의 언약궤가 진영에 들어올 때에 온 이스라엘이 큰 소리로 외치매 땅이 울린지라 [6] 블레셋 사람이 그 외치는 소리를 듣고 가로되 히브리 진영에서 큰 소리로 외침은 어찌 됨이냐 하다가 여호와의 궤가 진영에 들어온 줄을 깨달은지라 [7] 블레셋 사람이 두려워하여 이르되 신이 진영에 이르렀도다 하고 또 이르되 우리에게 화로다 전날에는 이런 일이 없었도다 [8] 우리에게 화로다 누가 우리를 이 능한 신들의 손에서 건지리요 그들은 광야에서 여러 가지 재앙으로 애굽인을 친 신들이니라 [9] 너희 블레셋 사람들아 강하게 되며 대장부가 되라 너희가 히브리 사람의 종이 되기를 그들이 너희의 종이 되었던 것 같이 되지 말고 대장부같이 되어 싸우라 하고 [10] 블레셋 사람이 쳤더니 이스라엘이 패하여 각기 장막으로 도망하였고 살륙이 심히 커서 이스라엘 보병의 엎드러진 자가 삼만 명이었으며 [11] 하나님의 궤는 빼앗겼고 엘리의 두 아들 홉니와 비느하스는 죽임을 당하였더라

① 언약궤가 의미하는 바는 무엇인가? 민 10:33, 수 3:6

- 그들이 여호와의 산에서 떠나 삼 일 길을 갈 때에 여호와의 언약궤가 그 삼 일 길에 앞서 가며 그들의 쉴 곳을 찾았고 민 10:33
- 여호수아가 또 제사장들에게 말하여 이르되 언약궤를 메고 백성에 앞서 건너라 하매 곧 언약궤를 메고 백성에 앞서 나아가니라 수 3:6

② 이스라엘 백성이 전쟁에서 지고 있을 때 언약궤를 가져와야겠다는 생각을 하게 된 이유는 무엇인가? 2-3절

③ 이 전쟁은 누가 승리했는가? 11절

④ 이스라엘 백성이 패배한 이유는 무엇이라고 생각하는가?

🎧 포인트 짚기

언약궤는 하나님이 아니다
여호수아 6장에 여리고성을 무너뜨리는 장면이 나온다. 본문에 자주 등장하는 단어가 바로 "언약궤"이다. 언약궤는 하나님의 임재를 상징했다. 이스라엘 백성들은 언약궤가 있어야 마음이 든든했다. 하나님이 함께 하신다고 믿었기 때문이다. 하지만 언약궤는 하나님이 아니다. 언약궤 안에 하나님이 갇혀계신 것도 아니다. 언약궤가 있는 곳마다 하나님이 계셔야 하는 것도 아니다.

은혜는 스타일에서 오지 않는다
우리는 언약궤만 들고 있으면 하나님께서 함께하실 거라는 식으로 하나님의 임재를 공식화하는 오류를 범할 때가 많다. 찬양하는 모습에서도 이런 오류가 자주 발견된다. 특정한 스타일로 찬양할 때 하나님의 임재가 더욱 강렬해진다고 믿는다 그리고 찬양을 일정한 틀 안에 가두고 하나님의 임재가 있을 거라고 기대한다. 하나님은 스스로 계시는 분이며, 주권적으로 일하시는 분이다. 또한 우리의 중심을 보시기 때문에 절대로 겉모습에 속지 않으신다. 우리가 왜 언약궤를 필요로 하는지, 왜 하나님의 임재를 사모하는지 그 중심을 읽고, 주권적으로 일하신다.

은혜, 하나님의 기쁨이 우리에게 전달되는 것

찬양을 통해 은혜를 받는다는 공식은 전혀 틀린 말이라고 할 수는 없다. 왜냐하면 진심으로 드리는 찬양은 하나님이 기뻐하시기 때문이다. 하나님의 기쁨이 우리에게 전달되는 것이 은혜라는 말은 맞다. 하지만 내가 원하는 바를 은혜로 착각하고 그것을 은혜라는 부수적인 결과를 목적으로 찬양하는 것은 위험하다. 성경은 하나님께서 우리의 동기를 매우 유심히 살펴보신다고 말한다. 이것은 비단 찬양에만 해당되지 않는다. 헌금과 기도와 예배 등 신앙의 모든 요소에 이 원리가 적용된다. 하나님으로부터 내가 원하는 것을 얻어내기 위해서 기도하고 예배하고 헌금하는 것은 잘못이다.

하나님을 감탄하며 감사를 표현하는가?

C. S. 루이스는 "경탄은 작품에 대한 올바른, 적절한, 혹은 적당한 반응이다"라고 하면서 "하나님의 진리, 아름다움, 은혜, 자비, 위대하심, 신실하심을 감사하면서 그 하나님을 찬양하는 것은 세상에서 가장 자연스러운 일이다."라고 고백했다. 결국 찬양은 결과물을 얻어내기 위한 수단이 아니라, 하나님 앞에서 지극히 당연하고 자연스러운 반응이며, 이러한 반응으로 찬양하지 않는 이유는 우리가 하나님에 대해 감탄하지 않기 때문이다. 이러한 관점에서 우리의 찬양을 점검해야 한다. 지금 나는 하나님의 성품과 그분께서 하신 일에 특히, 이 땅에 오셔서 십자가를 지시고 우릴 대속하신 그 은혜에 감탄하고 감사하는가?

🎧 찬양의 동기를 점검하기

① 내가 찬양하는 이유는 무엇인가?

② 나는 찬양을 은혜받는 수단으로 생각하지는 않는가?

🎧 깨끗한 찬양을 위한 나의 결단! (깨달은 점 정리)

_____
_____
_____
_____
_____

묵상공간

CHAPTER 4 _화려함의 함정을 피하라

1. 다윗의 마음 읽기

🎧 잡음 걸러내기

• 음악적인 환경이 잘 갖춰졌을 때 찬양이 더 잘 될까?

• '최고의 하나님께 최상의 찬양을 드린다' 는 말은 무슨 뜻일까?

🎧 성경으로 돌아가기

* 삼하 7:1-9을 읽고 질문에 답하라.

¹ 여호와께서 주위의 모든 원수를 무찌르사 왕으로 궁에 평안히 살게 하신 때에 ² 왕이 선지자 나단에게 이르되 볼지어다 나는 백향목 궁에 살거늘 하나님의 궤는 휘장 가운데에 있도다 ³ 나단이 왕께 아뢰되 여호와께서 왕과 함께 계시니 마음에 있는 모든 것을 행하소서 하니라 ⁴ 그 밤에 여호와의 말씀이 나단에게 임하여 이르시되 ⁵ 가서 내 종 다윗에게 말하기를 여호와께서 이와 같이 말씀하시되 네가 나를 위하여 내가 살 집을 건축하겠느냐 ⁶ 내가 이스라엘 자손을 애굽에서 인도하여 내던 날부터 오늘까지 집에

살지 아니하고 장막과 성막 안에서 다녔나니 ⁷ 이스라엘 자손과 더불어 다니는 모든 곳에서 내가 내 백성 이스라엘을 먹이라고 명령한 이스라엘 어느 지파들 가운데 내가 말하기를 너희가 어찌하여 나를 위하여 백향목 집을 건축하지 아니하였느냐고 말하였느냐 ⁸ 그러므로 이제 내 종 다윗에게 이와 같이 말하라 만군의 여호와께서 이와 같이 말씀하시기를 내가 너를 목장 곧 양을 따르는 데에서 데려다가 내 백성 이스라엘의 주권자를 삼고 ⁹ 네가 가는 모든 곳에서 내가 너와 함께 있어 네 모든 원수를 네 앞에서 멸하였은즉 땅에서 위대한 자들의 이름 같이 네 이름을 위대하게 만들어 주리라

① 다윗은 왜 하나님을 위한 집을 지으려고 했는가? 1, 2절

② 하나님은 다윗에게 무엇이라고 말씀하시는가? 4-5절, 대상 17:4-6

⁴ 가서 내 종 다윗에게 말하기를 여호와의 말씀이 너는 나의 거할 집을 건축하지 말라 ⁵ 내가 이스라엘을 애굽에서 올라오게 한 날부터 오늘까지 집에 있지 아니하고 오직 이 장막과 저 장막에 있으며 이 성막과 저 성막에 있었나니 ⁶ 이스라엘 무리와 더불어 가는 모든 곳에서 내가 내 백성을 먹이라고 명령한 이스라엘 어느 사사에게 내가 말하기를 너희가 어찌하여 내 백향목 집을 건축하지 아니하였느냐고 말하였느냐 하고" 대상 17:4-6

③ 다윗이 하나님에 대해 오해한 것은 무엇인가?

④ 하나님이 거하실 집을 지으려는 다윗의 중심은 무엇일까? 하나님은 그것을 아셨을까? 8-9절

🎧 포인트 짚기

하나님에 대한 오해

다윗은 백향목으로 지은 화려한 궁궐에 있는데 하나님은 보잘것없는 휘장 안 법궤에 거한다고 생각하니 너무 송구스러웠다. 하지만 그것은 다윗의 오해였다. 휘장이 보잘것없어 보였다는 것은 인간적인 관점일 뿐이다. 하나님은 온 우주의 창조주이시며 소유자이시다. 부족한 것이 없는 분이다. 시간과 공간에 제한되지 않는 분이다. 그분은 어디에나 머물 수 있다. 다윗의 오해는 하나님이 화려하고 좋은 곳에 거하셔야 한다고 생각한 것이다. 하지만 하나님은 하나님을 위한 집을 짓지 말라고 분명히 말씀하신다. 우리도 종종 이런 실수를 범한다. 하나님께 드리는 찬양은 멋있고 거창해야 한다고 오해한다. 초라하면 안된다고 생각한다. 찬양도 할 수만 있다면 가장 좋은 음향과 노래와 연주로 해야 한다고 생각한다. 그러나 하나님은 그런 외형에 미혹되는 분이 아니다. 우리가 보기에 좋은 것이 꼭 하나님께서 원하시는 것은 아니라는 말이다.

다윗의 중심

시편의 많은 부분이 다윗은 사울왕에게 쫓기면서 쓴 글이고 다윗이 왕이 된 후에 부른 노래도 많다. 우리는 다윗의 찬양 속에서 그의 마음을 읽을 수 있다. 사울왕에게 쫓기던 시절 아둘람 굴에서 한 찬양과 왕이 된 후에

한 찬양에 차이가 없다는 것이다. 상황이 바뀌었으나 그 중심에 하나님을 향한 감사와 신뢰가 가득 담겨 있다. 비록 인간적인 관점으로 판단해서 하나님을 위한 집을 지어드리려고 했지만, 하나님이 기뻐하신 이유는 다윗의 변치 않는 중심이었다.

최상의 하나님께 마음을 드리라
하나님은 더 좋은 것을 드리고 싶은 다윗의 중심을 아셨다. 아마 우리 찬양에 가장 훌륭하고 멋진 노래와 연주를 드리려는 노력이 있다면 하나님이 기뻐하실 것이다. 하지만 그렇지 않더라도 하나님은 개의치 않으신다. 우리가 점검해야 할 부분이 이것이다. 하나님은 우리가 최상의 것을 드리려는 중심을 기뻐하지 최상의 것 그 자체에 관심을 두신 분이 아니다. 이 사실을 망각할 때 우리는 최상의 연주, 최상의 노래, 최상의 음향이라는 외형에 빠져 찬양의 본질을 상실하게 될 위험이 있다. 상황과 형편은 달라질 수 있다. 그 변화에 따라 우리 찬양의 모습도 달라질 수 있다. 하지만 변해서는 안되는 것을 잡으면 하나님을 기쁘시게 할 수 있다. 다윗이 그랬던 것처럼 말이다.

2. 다윗의 찬양대

🎧 잡음 걸러내기

- 찬양할 때 무엇에 가장 신경을 쓰는가? (선곡, 싱어, 연주자, 음향, 모니터, 복장, 기도 등)

• 찬양할 때 찬양곡과 회중과 예배를 잘 이해하는가?

🎧 성경으로 점검하기

* 대상 25:1-7을 읽고 질문에 답하라.

¹다윗이 군대 지휘관들과 더불어 아삽과 헤만과 여두둔의 자손 중에서 구별하여 섬기게 하되 수금과 비파와 제금을 잡아 신령한 노래를 하게 하였으니 그 직무대로 일하는 자의 수효는 이러하니라 ²아삽의 아들은 삭굴과 요셉과 느다냐와 아사렐라니 이 아삽의 아들들이 아삽의 지휘 아래 왕의 명령을 따라 신령한 노래를 하며 ³여두둔에게 이르러서는 그의 아들들 그달리야와 스리와 여사야와 하사뱌와 맛디디야 여섯 사람이니 그 아버지 여두둔의 지휘 아래 수금을 잡아 신령한 노래를 하며 여호와께 감사하며 찬양하며 ⁴헤만에게 이르러는 그 아들 북기야와 맛다냐와 웃시엘과 스브엘과 여리못과 하나냐와 하나니와 엘리아다와 깃달디와 로암디에셀과 요스브가사와 말로디와 호딜과 마하시옷이라 ⁵이는 다 헤만의 아들들이니 나팔을 부는 자들이며 헤만은 하나님의 말씀을 가진 왕의 선견자라 하나님이 헤만에게 열네 아들과 세 딸을 주셨더라 ⁶이들이 다 그 아버지의 지휘 아래 제금과 비파와 수금을 잡아 여호와의 전에서 노래하여 하나님의 전을 섬겼으며 아삽과 여두둔과 헤만은 왕의 자휘 아래 있었으니 ⁷그들과 모든 형제 곧 여호와 찬송하기를 배워 익숙한 자의 수효가 이백팔십팔 명이라

① 어떠한 악기들이 동원되었는가? 찾아서 적어보라.

② 다윗이 조직한 찬양대의 규모는 어떠했는가? 7절 그들의 찬양이 어떠했을지 생각해 보라.

③ 음악을 맡은 자들이 불렀던 신령한 노래란 무엇일까? 1, 2, 3절

④ 7절에 "찬송하기를 배워 익숙한 자"란 어떤 사람일까? 더불어 역대상 15:22에 나오는 "익숙한 자"의 의미도 생각해보라.

• 레위 사람의 지도자 그나냐는 노래에 익숙하므로 노래를 인도하는 자요

대상 15:22

⑤ 이 본문을 통해 무엇을 배울 수 있는가? 찬양대의 규모인가? 실력인가?

포인트 짚기

찬양의 본질은 같다

50명쯤 모이는 개척교회에서 찬양 인도할 때는 피아노 1대와 기타 1대가 전부다. 그리고 빔프로젝터가 없어서 OHP필름을 사용한다. 어떤 때는 미리 곡을 정하지 않는다. 하지만 찬양은 뜨겁고 어떤 곡을 부르든지, 악기의 연주소리가 어떻든지, 인도자의 노랫소리가 어떻든지 하나님을 찬양하는데 방해되지 않는다. 이미 대형 교회의 경배와 찬양이 대중들에게 많이 알려져서 좋은 음악과 노래소리가 귀에 익숙하지만 그런 음악적 차이는

중요하지 않다. 허술한 개척교회와 잘 갖춘 대형 교회의 찬양은 틀림없이 다르다. 하지만 본질은 같다. 다른 것은 환경이다. 모두 하나님만 바라보며 노래한다는 것만큼은 똑같다.

찬양의 내용

역대상 25장에서 찬양대가 부르는 내용을 눈여겨 볼 필요가 있다. 그들은 신령한 노래를 불렀다고 한다. 그 신령한 노래는 지금의 "즉흥적 찬양"과는 거리가 있다. 그 신령한 노래에는 분명한 목적이 있었다. 그것은 하나님의 메세지를 선포하는 것이었다. 〈굿뉴스바이블(Good News Bible)〉은 "they were to proclaim God's messages"라고 번역했다. 즉, 선지자적인 찬양을 했다는 말이다. 찬양대의 목적이 확연히 드러난다. 다윗의 찬양대는 단순히 규모면에서 화려하고 연주 실력이 뛰어난 자들을 모아놓은 사람들의 모임이 아니었다. 화려한 규모를 갖추고 연주 실력이 뛰어난 찬양팀과 연주자들은 많다. 하지만 그 화려한 규모와 뛰어난 실력이 선지자적 찬양을 할 수 있게 만드는 것은 아니다. 그렇다면 선지자적 찬양이란 무엇일까? 그것은 하나님의 뜻을 아는 자들의 찬양이다. 그들은 찬양팀의 규모와 음악에 끌려가는 것이 아니라 하나님께 이끌려 찬양한다.

찬양에 익숙함

본문에서 말하는 익숙함은 노래나 연주에 출중한 것(익숙함, 공교함, skillful)만을 의미하지 않는다. 오히려 음악에 감각이 있고 예배의 흐름을 읽는 데 익숙한 사람을 지칭하는 것이 맞을 것이다. 찬양은 음악 연주나 노래가 아니다. 찬양은 영적인 감각으로 주도해야 한다. 본문의 찬양대가 다윗의 명령에 따라 하나님의 말씀을 선포하며 찬양했다는 부분을 눈여겨 보라. 다윗은 모든 악기를 다 지도할 수 있는 사람이 아니었다. 하지만 분명히 찬양대를 이끌어 갈 수 있는 음악적 감각이 있었을 것이다. 다윗의 찬양대는 음악을 이해하고 찬양을 이해하고 예배를 이해하는 사람들의 모임이었다.

🎧 찬양의 동기를 점검하기

① 내가 기대하는 가장 이상적인 찬양팀은 어떤 팀인가?

② 나는 찬양을 이해하기 위해서 어떤 노력을 하는가?

🎧 깨끗한 찬양을 위한 나의 결단! (깨달은 점 정리)

_____

_____

_____

_____

_____

_____

CHAPTER 5 _ 찬양을 억지로 만들지 마라

1. 예수님만이 만들 수 있는 포도주

🎧 잡음 걸러내기

• 내 기쁨의 근원은 찬양인가 아니면 예수님인가?

• 찬양 준비를 잘하는 것과 예배의 은혜는 비례하는가?

🎧 성경으로 돌아가기

* 요 2:1-11을 읽고 질문에 답하라.

¹ 사흘째 되던 날에 갈릴리 가나에 혼례가 있어 예수의 어머니도 거기 계시고 ² 예수와 그 제자들도 혼례에 청함을 받았더니 ³ 포도주가 모자란지라 예수의 어머니가 예수에게 이르되 저희에게 포도주가 없다 하니 ⁴ 예수께서 이르시되 여자여 나와 무슨 상관이 있나이까 내 때가 아직 이르지 아니하였나이다 ⁵ 그의 어머니가 하인들에게 이르되 너희에게 무슨 말씀을 하시든지 그대로 하라 하니라 ⁶ 거기에 유대인의 정결 예식을 따라 두세 통 드는 돌항아리 여섯이 놓였는지라 ⁷ 예수께서 그들에게 이르시되 항아리에 물을 채우라 하신즉 아귀까지 채우니 ⁸ 이제는 떠서 연회장에게 갖다 주라 하시매 갖다 주었더니 ⁹ 연회장은 물로 된 포도주를 맛보

고도 어디서 났는지 알지 못하되 물 떠온 하인들은 알더라 연회장이 신랑을 불러 [10] 말하되 사람마다 먼저 좋은 포도주를 내고 취한 후에 낮은 것을 내거늘 그대는 지금까지 좋은 포도주를 두었도다 하니라 [11] 예수께서 이 첫 표적을 갈릴리 가나에서 행하여 그 영광을 나타내시매 제자들이 그를 믿으니라

① 혼인잔치 분위기는 어떠해야 하는가?

② 지금 무슨 문제가 생겼는가? 2절

③ 당신이 그 자리에 있었더라면 이 문제를 어떻게 해결하려고 했을지 생각해 보라.

④ 예수님의 어머니 마리아는 왜 예수님께 갔을까?

🎧 포인트 짚기

위기의 순간, 필요한 것은 센스?
예배가 시작되고 찬양을 인도하는데 회중의 반응은 썰렁하고 함께 찬양하는 사람도 없고 지루한 느낌이 들 때가 있다. 아마도 잔치를 배푼 집주인

의 심정이 그랬을 것이다. 포도주는 다 떨어져가고 이제 이 즐거운 분위기도 곧 사라질 것이라는 위기감에 긴장했을 것이다. 포도주가 떨어지자 누군가가 갑자기 등장해서 흥겹게 노래를 하거나 춤을 추거나 재미있는 쇼를 해서 포도주를 대체하려고 할지도 모른다. 그러한 대체물로 분위기를 압도할 수도 있고 기쁨을 유지할 수도 있겠지만 그 잔치집에 초대된 손님들이 포도주를 원하는 마음은 채울 수 없다. 겉보기에는 즐거운 분위기를 드러내는 것 같지만 포도주가 없어서 생긴 불만은 포도주로만 채울 수 있다. 대체물은 결코 포도주가 될 수가 없다. 사람들이 원하는 포도주를 만드는 일은 예수님만이 하실 수 있다. 그렇기에 우리는 예수님을 찾아야 한다.

기쁨의 근원 예수

우리는 찬양할 때 예수님만이 하실 수 있는 일을 인정하지 않을 때가 많다. 주님의 도우심이 필요한 순간에도 그 주님을 대체할 수 있는 나만의 방법을 찾고자 한다. 기도로 도우심을 구해야 하는데 나의 경험과 판단이 우선한다. 그리고 그러한 대체물들로 가득 찬 예배를 성공적인 예배라고 평가한다. 포도주를 대체하려던 우리의 계획이 성공적으로 끝나면 우리는 더 깊은 수렁으로 빠져든다. 썰렁한 분위기를 깨우기 위해서 더 이상 예수님이 등장하실 필요가 없다. 우리 주변에 찬양을 도울 사람과 환경이 매우 잘 조성되어 있다. 훌륭한 싱어가 있고, 연주자가 있고, 음향 담당자가 있고, 자막 담당자가 있다. 얼마든지 훌륭하게 찬양을 만들어 갈 수 있다. 하지만, 그런 찬양을 하나님은 어떻게 평가하실까? 예배에 기쁨을 공급할 수 있는 유일한 분은 주님이시다. "예수님만이 하실 수 있습니다."라고 전적으로 의지하며 나아가야 한다.

2. 멈춰지지 않는 공급

🎧 잡음 걸러내기

• 나는 하나님이 공급하시는 힘으로 사역하는가?

🎧 성경으로 점검하기

* 출 3:1-5을 읽고 질문에 답하라.

> [1] 모세가 그 장인 미디안 제사장 이드로의 양 떼를 치더니 그 떼를 광야 서쪽으로 인도하여 하나님의 산 호렙에 이르매 [2] 여호와의 사자가 떨기나무 가운데로부터 나오는 불꽃 안에서 그에게 나타나시니라 그가 보니 떨기나무에 불이 붙었으나 그 떨기나무가 사라지지 아니하는지라 [3] 이에 모세가 이르되 내가 돌이켜 가서 이 큰 광경을 보리라 떨기나무가 어찌하여 타지 아니하는고 하니 그 때에 [4] 여호와께서 그가 보려고 돌이켜 오는 것을 보신지라 하나님이 떨기나무 가운데서 그를 불러 이르시되 모세야 모세야 하시매 그가 이르되 내가 여기 있나이다 [5] 하나님이 이르시되 이리로 가까이 오지 말라 네가 선 곳은 거룩한 땅이니 네 발에서 신을 벗으라

① 모세는 지금 어떤 상황인가? 출 2:11-15

> [11] 모세가 장성한 후에 한 번은 자기 형제들에게 나가서 그들이 고되게 노동하는 것을 보더니 어떤 애굽 사람이 어떤 히브리 사람 곧 자기 형제를 치는 것을 본지라 [12] 좌우를 살펴 사람이 없음을 보고 그 애굽 사람을 쳐죽여 모래에 감추니라 [13] 이튿날 다시 나가니 두 히브리 사람이 서로 싸우는지라

그 잘못한 사람에게 이르되 네가 어찌하여 동포를 치느냐 하매 ¹⁴ 그가 이르되 누가 너로 우리를 다스리는 자와 재판관으로 삼았느냐 네가 애굽 사람을 죽인 것처럼 나도 죽이려느냐 모세가 두려워하여 이르되 일이 탄로 되었도다 ¹⁵ 바로가 이 일을 듣고 모세를 죽이고자 하여 찾는지라 모세가 바로의 낯을 피하여 미디안 땅에 머물며 하루는 우물 곁에 앉았더라

② 모세와 떨기나무의 공통점이 있다면 무엇일까?

③ 불붙은 떨기나무는 왜 타고 있지 않았을까 생각해보라.

🎧 포인트 짚기

공급이 필요하다.
베드로전서 4장 11절은 "만일 누가 말하려면 하나님의 말씀을 하는 것같이 하고 누가 봉사하려면 하나님이 공급하시는 힘으로 하는 것같이 하라 이는 범사에 예수 그리스도로 말미암아 하나님이 영광을 받으시게 하려 함이니 그에게 영광과 권능이 세세에 무궁토록 있느니라 아멘"이라고 말한다. 많은 사역(봉사)자들이 잘못 생각하는 것 중 하나는 자신들이 무언가를 공급하는 사람이라고 착각하는 것이다. 회중 앞에 서서 찬양을 인도하다보면 인도자 자신이 은혜를 공급하는 자로 오해하기가 십상이다. 은혜롭게 찬양을 인도하는 것이 은혜를 공급하는 주체가 된다는 걸 의미하는 것은 아님을 분명히 알아야 한다.

불이 꺼지지 않는 가시나무

가시떨기 나무를 상상해 보라. 광야에 우두커니 서있는 말라비틀어진 나무에 불과하다. 건조한 광야에 놓인 나무는 불이 붙으면 순식간에 타 버리는 것이 당연하다. 하지만 하나님이 불로 임재하시자 나무는 그칠 줄 모르고 타오른다. 하나님은 꺼지지 않는 불이다. 멈추지 않고 공급하실 수 있는 공급자. 모세는 지금 보잘것없는 인생으로 살아가고 있다. 한낱 양치는 목동이다. 그는 자신의 인생을 불태워 열정적으로 살아갈 목적을 잃어버렸다. 그저 그렇게 살다 죽을 수밖에 없는 비참한 자리에 처했다. 그런데 하나님이 나무를 태우지 않는 불로 임하신다. 사역은 나를 태우는 것이 아니라 하나님의 공급하시는 불로 하는 것임을 보여주신다. 내 능력이 아니라 하나님의 능력이 임할 때에만 힘 있게 사역할 수 있다.

은혜의 반사체

태양은 스스로 빛을 내지만 달은 그 빛을 받아 반사할 뿐 스스로 빛을 내지 못한다. 우리도 마찬가지다. 하나님의 영광의 빛을 받아야만 하나님께 다시 영광 돌려드릴 수 있고, 하나님의 은혜를 받아야 하나님께 찬양할 수 있는 존재다. 그러기에 우리는 하나님으로부터의 공급이 끊어지지 않도록 주님을 의지한다는 고백을 멈추지 말아야 한다. 부르심을 받은 후 모세의 삶을 보라. 출애굽 이후에 이스라엘 백성이 불평을 쏟아놓을 때 그는 항상 무릎을 꿇는다. 이스라엘 백성은 눈에 보이는 지도자 모세를 의지했다. 하지만 모세는 이 백성들의 진정한 왕이신 하나님을 알았다. 그 분의 손에 생사화복이 달려있음을 알았다. 그렇기에 그는 무릎을 꿇고 하나님의 긍휼을 구하고 하나님의 은혜를 구했다. 그 때마다 하나님은 필요한 물을 공급하시고, 살아갈 수 있도록 만나를 허락하시고, 전쟁에서 승리하게 하셨다.

🎧 찬양의 동기를 점검하기

① 나는 하나님이 공급하시는 힘으로 사역하는가?

② 나 자신을 빛내려고 노력하는가, 아니면 하나님의 빛을 밝히려고 애쓰는가?

🎧 깨끗한 찬양을 위한 나의 결단! (깨달은 점 정리)

_____
_____
_____
_____
_____

묵/상/공/간

CHAPTER 6 _ 하나님의 사람이 되어 찬양하는가?

1. 삼손의 머리카락

🎧 잡음 걸러내기

• 나는(우리 찬양팀은) 하나님께 쓰임 받고 있는가?

• 나에게 주신 달란트를 활용할 때 그 달란트가 하나님께로부터 온 것을 인정하는가?

🎧 성경으로 돌아가기

* 삿 16:17-20을 읽고 질문에 답하라.

¹⁷ 삼손이 진심을 드러내어 그에게 이르되 내 머리 위에는 삭도를 대지 아니하였나니 이는 내가 모태에서부터 하나님의 나실인이 되었음이라 만일 내 머리가 밀리면 내 힘이 내게서 떠나고 나는 약해져서 다른 사람과 같으리라 하니라 ¹⁸ 들릴라가 삼손이 진심을 다 알려 주므로 사람을 보내어 블레셋 사람들의 방백들을 불러 이르되 삼손이 내게 진심을 알려 주었으니 이제 한 번만 올라오라 하니 블레셋 방백들이 손에 은을 가지고 그 여인에게로 올라오니라 ¹⁹ 들릴라가 삼손에게 자기 무릎을 베고 자게 하고 사람을 불러 그의 머리털 일곱 가닥을 밀고 괴롭게 하여 본즉 그의 힘이 없어

졌더라 [30] 들릴라가 이르되 삼손이여 블레셋 사람이 당신에게 들이닥쳤느니라 하니 삼손이 잠을 깨며 이르기를 내가 전과 같이 나가서 몸을 떨치리라 하였으나 여호와께서 이미 자기를 떠나신 줄을 깨닫지 못하였더라

① 나실인은 어떤 사람인가? 민 6:1-6

[1] 여호와께서 모세에게 말씀하여 이르시되 [2] 이스라엘 자손에게 전하여 그들에게 이르라 남자나 여자가 특별한 서원 곧 나실인의 서원을 하고 자기 몸을 구별하여 여호와께 드리려고 하면 [3] 포도주와 독주를 멀리하며 포도주로 된 초나 독주로 된 초를 마시지 말며 포도즙도 마시지 말며 생포도나 건포도도 먹지 말지니 [4] 자기 몸을 구별하는 모든 날 동안에는 포도나무 소산은 씨나 껍질이라도 먹지 말지며 [5] 그 서원을 하고 구별하는 모든 날 동안은 삭도를 절대로 그의 머리에 대지 말 것이라 자기 몸을 구별하여 여호와께 드리는 날이 차기까지 그는 거룩한즉 그의 머리털을 길게 자라게 할 것이며 [6] 자기의 몸을 구별하여 여호와께 드리는 모든 날 동안은 시체를 가까이 하지 말 것이요

② 나실인에게 머리카락은 어떤 의미가 있는가? 민 6:7-8 하나님은 머리카락 때문에 역사하시는가? 아니면 구별됨 때문에 역사하시는가?

[7] 그의 부모 형제 자매가 죽은 때에라도 그로 말미암아 몸을 더럽히지 말 것이니 이는 자기의 몸을 구별하여 하나님께 드리는 표가 그의 머리에 있음이라 [8] 자기의 몸을 구별하는 모든 날 동안 그는 여호와께 거룩한 자니라

③ 삼손은 무엇을 착각했는가? 삿 16:17

④ 시 51:10-11에 나타난 다윗의 태도와 삿 16:17-20에 나타난 삼손의 태도의 차이점은 무엇입니까?

¹⁰ 하나님이여 내 속에 정한 마음을 창조하시고 내 안에 정직한 영을 새롭게 하소서 ¹¹ 나를 주 앞에서 쫓아내지 마시며 주의 성령을 내게서 거두지 마소서 시 51:10-11

🎧 포인트 짚기

능력의 근원은 어디에 있는가?

사사기 16장 17절에 "삼손이 진심을 드러내어 그에게 이르되 내 머리 위에는 삭도를 대지 아니하였나니 이는 내가 모태에서부터 하나님의 나실인이 되었음이라 만일 내 머리가 밀리면 내 힘이 내게서 떠나고 나는 약해져서 다른 사람과 같으리라" 하고 고백한다. 삼손의 고백은 의미하는 바가 크다. 삼손은 자신의 능력이 하나님께 있다고 믿었을까, 아니면 머리카락에 있다고 믿었을까? 19절에 들릴라가 머리털 일곱 가닥을 미니 힘이 빠졌다고 기록한다. 머리카락을 통째로 민 것도 아니고 단지 일곱 가닥을 밀었을 뿐이다. 블레셋 사람이 자고 있는 삼손 앞에 닥쳐왔을 때에도 삼손의 머리에는 수많은 머리카락이 여전히 남아있었다. 잠에서 깬 삼손은 힘을 쓰려고 하지만 괴력은 더 이상 나타나지 않는다. 그는 하나님의 신이 떠나간 것을 알지 못했다. 머리카락만 있으면 괴력이 나타날 줄 알았지만 삼손의 능력은 머리카락의 많고 적음에 있지 않았고 하나님께 속한 것이었다.

하나님의 사람이 되는 것과 사용하시는 것

하나님의 사람이 되는 것과 하나님께서 단지 사용하시는 것에는 큰 차이가 있다. 삼손의 경우는 어쩌면 '하나님께서 사용하신 삼손'이라는 제목이 더 어울릴 것 같다. 하나님의 사람이 된다는 의미는 그 사람이 자신의 위치를 분명하게 알 때 가능하다. 다윗을 보라. 시편 51편에서 "나를 주 앞에서 쫓아내지 마시며 주의 성령을 내게서 거두지 마소서"라는 고백은 "하나님이 없으면 나는 아무것도 아닙니다."라는 전적의지의 표현이다. 그는 이스라엘의 왕의 신분이었지만 진짜 왕은 하나님이시고 자신은 하나님의 대리자에 불과하다는 의미를 분명히 밝혔다. 반면 삼손은 여호와의 신에 강권적으로 사로잡혀 괴력을 발휘했지만 그 힘의 중심에 자신이 서있었다. 자기 머리카락에서 힘이 나온다고 믿었다. 하나님의 사람이 되어 일을 하나 하나님께서 사용하셔서 일을 하나 그 결과는 같을 수도 있다. 다윗과 삼손 모두 이스라엘을 적에게서 보호한 지도자였고 그 역할을 잘 수행했다. 하지만 다윗과 삼손에 대한 하나님의 평가는 분명히 다를 것이다.

2. 기름부음을 받은 사울

🎧 잡음 걸러내기

- 성령의 기름부으심이 있을 때 어떤 일이 일어나는가?

- 찬양이 내 삶을 변화시키고 있는가?

🎧 성경으로 점검하기

* 삼상 10:1-7을 읽고 질문에 답하라.

¹ 이에 사무엘이 기름병을 가져다가 사울의 머리에 붓고 입맞추며 이르되 여호와께서 네게 기름을 부으사 그의 기업의 지도자로 삼지 아니하셨느냐 ² 네가 오늘 나를 떠나가다가 베냐민 경계 셀사에 있는 라헬의 묘실 곁에서 두 사람을 만나리니 그들이 네게 이르기를 네가 찾으러 갔던 암나귀들을 찾은지라 네 아버지가 암나귀들의 염려는 놓았으나 너희로 말미암아 걱정하여 이르되 내 아들을 위하여 어찌하리요 하더라 할 것이요 ³ 네가 거기서 더 나아가서 다볼 상수리나무에 이르면 거기서 하나님을 뵈오려고 벧엘로 올라가는 세 사람을 만나리니 한 사람은 염소 새끼 셋을 이끌었고 한 사람은 떡 세 덩이를 가졌고 한 사람은 포도주 한 가죽부대를 가진 자라 ⁴ 그들이 네게 문안하고 떡 두 덩이를 주겠고 너는 그의 손에서 받으리라 ⁵ 그 후에 네가 하나님의 산에 이르리니 그 곳에는 블레셋 사람들의 영문이 있느니라 네가 그리로 가서 그 성읍으로 들어갈 때에 선지자의 무리가 산당에서부터 비파와 소고와 저와 수금을 앞세우고 예언하며 내려오는 것을 만날 것이요 ⁶ 네게는 여호와의 영이 크게 임하리니 너도 그들과 함께 예언을 하고 변하여 새 사람이 되리라 ⁷ 이 징조가 네게 임하거든 너는 기회를 따라 행하라 하나님이 너와 함께 하시느니라

① 하나님께서 사울을 왕으로 세우실 때 어떻게 하셨는가? 1절

② 여호와의 신이 크게 임할 때 나타나는 징표는 무엇인가? 6-7절

③ 사울 왕이 다윗을 죽이려고 라마 나욧으로 갔을 때 하나님의 영이 임하여 예언을 한다. 하나님이 왜 사울에게 임했는지 생각해보라. 삼상 19:20-24

²⁰ 사울이 다윗을 잡으러 전령들을 보냈더니 그들이 선지자 무리가 예언하는 것과 사무엘이 그들의 수령으로 선 것을 볼 때에 하나님의 영이 사울의 전령들에게 임하매 그들도 예언을 한지라 21 어떤 사람이 그것을 사울에게 알리매 사울이 다른 전령들을 보냈더니 그들도 예언을 했으므로 사울이 세 번째 다시 전령들을 보냈더니 그들도 예언을 한지라 ²² 이에 사울도 라마로 가서 세구에 있는 큰 우물에 도착하여 물어 이르되 사무엘과 다윗이 어디 있느냐 어떤 사람이 이르되 라마 나욧에 있나이다 ²³ 사울이 라마 나욧으로 가니라 하나님의 영이 그에게도 임하시니 그가 라마 나욧에 이르기까지 걸어가며 예언을 하였으며 ²⁴ 그가 또 그의 옷을 벗고 사무엘 앞에서 예언을 하며 하루 밤낮을 벗은 몸으로 누웠더라 그러므로 속담에 이르기를 사울도 선지자 중에 있느냐 하니라

④ 사무엘상 10장과 19장에서 하나님의 영이 임해서 예언하는 모습은 똑같다. 차이점은 무엇인가?

🎧 포인트 짚기

부르심

구약시대에 하나님은 왕을 세우실 때 제사장이 기름을 붓도록 하셨다. 그것은 하나님의 임재를 상징했다. "내가 널 사용하겠다!"는 도장과도 같은

것이다. 위 본문에는 사울 왕이 사무엘에게 기름부음 받은 후 하나님의 영에 사로잡히는 장면이 나온다. 하나님의 영으로 충만해진 사울은 예언을 하며 이전과는 완전히 다른 사람이 된다. 성경은 이것을 사울이 변하여 새 사람이 되었다고 한다. 하나님께 쓰임받는 사람은 다르다는 것을 보여준다. 하나님께 쓰임 받는 사람은 영적인 일을 말하며, 무엇보다 과거와 현재의 모습보다 더 나은 새사람으로 변화된다. 7절 말씀처럼 이런 사람은 더 이상 아무 것도 망설일 것 없이 의욕이 생기는 대로 행동하면 된다. 왜냐하면 하나님께서 그 사람을 도와주실 것이기 때문이다.

하나님이 쓰시려고 부르신 사람에게는 항상 하나님께서 도우신다. 우리가 하나님 앞에 찬양팀으로 쓰임 받을 때도 마찬가지다. 내가 부르심에 따라 이 사역을 하고 있는지를 점검하고 싶다면, 즉 하나님께 잘 사용되고 있는지를 알고 싶다면 내 삶에 변화가 있는지 점검해보면 된다. 하나님의 영은 우리를 변화시킨다.

음악과 무관한 하나님의 주도권

사무엘상 10장 5-6절에 예언하는 자들이 음악을 연주하는 장면이 있다. 예언하는 자들을 만난 사울도 그 안에서 하나님의 신이 임하는 것을 경험하고 함께 예언한다. 하지만 이 본문의 강조점은 변화에 있다. 사울은 이전에 경험하지 못한 성령을 경험한다. 사울 주위에서는 아름다운 음악이 흘렀다. 그 아름다운 음악이 예언하는 분위기와 성령께서 역사하시는 좋은 배경이 된다는 것은 분명하다. 하지만 사울에게 변화가 없었다면 그 음악은 그저 배경음악일 뿐이다. 음악이 하나님의 은혜와 역사를 전달하는 좋은 매개체라는 걸 증명하려면 우리 삶에 변화가 나타나야 한다. 사무엘상 10장 9절에는 "그가 사무엘에게서 떠나려고 몸을 돌이킬 때에 하나님이 새 마음을 주셨고 그 날 그 징조도 다 응하니라"라고 말하며 하나님께서 사울에게 새 마음을 주셨다고 강조한다. 하나님은 음악이 있고 없고를 떠나 우리에게 성령을 부으신다. 그것은 전적인 하나님의 주권이며 은혜다. 음악이 성령님의 역사를 전달할 수 있는 좋은 그릇으로 평가 받으려면 음악 자체를 다듬을 것이 아니라 우리 심령에 변화가 있는지를 살펴야 한다. 우리에게 변화가 없다면 그 음악은 있으나마나한 배경음악으로 전락한다.

🎧 찬양의 동기를 점검하기

① 나를 찬양 사역으로 부르신 하나님의 부르심에 감사하며, 하나님을 의지하고 사는가?

② 찬양을 통해서 성령님의 임재를 경험할 때 내 삶에 어떤 변화가 있었는가?

🎧 깨끗한 찬양을 위한 나의 결단! (깨달은 점 정리)

_____

_____

_____

_____

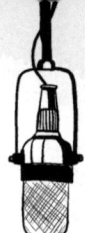

CHAPTER 7 _ 능력없는 함성 vs 믿음의 고백

1. 우상을 향한 헛된 제사

🎧 잡음 걸러내기

• 큰 소리로 찬양할수록 좋은 것인가?

• 찬양으로 하나님을 깨워야 한다고 생각하는가?

🎧 성경으로 돌아가기

* 왕상 18:22-29을 읽고 질문에 답하라.

²² 엘리야가 백성에게 이르되 여호와의 선지자는 나만 홀로 남았으나 바알의 선지자는 사백오십 명이로다 ²³ 그런즉 두 송아지를 우리에게 가져오게 하고 저희는 송아지 한 마리를 택하여 각을 떠서 나무 위에 놓고 불은 붙이지 말며 나도 송아지 한 마리를 잡아 나무 위에 놓고 불은 붙이지 않고 ²⁴ 너희는 너희 신의 이름을 부르라 나는 여호와의 이름을 부르리니 이에 불로 응답하는 신 그가 하나님이니라 백성이 다 대답하되 그 말이 옳도다 하니라 ²⁵ 엘리야가 바알의 선지자들에게 이르되 너희는 많으니 먼저 송아

지 한 마리를 택하여 잡고 너희 신의 이름을 부르라 그러나 불을 붙이지 말라 ²⁶ 그들이 받은 송아지를 가져다가 잡고 아침부터 낮까지 바알의 이름을 불러 이르되 바알이여 우리에게 응답하소서 하나 아무 소리도 없고 아무 응답하는 자도 없으므로 그들이 그 쌓은 단 주위에서 뛰놀더라 ²⁷ 정오에 이르러는 엘리야가 그들을 조롱하여 이르되 큰 소리로 부르라 그는 신인즉 묵상하고 있는지 혹은 잠깐 나갔는지 혹은 그가 길을 행하는지 혹은 그가 잠이 들어서 깨워야 할 것인지 하매 ²⁸ 이에 그들이 큰 소리로 부르고 그들의 규례를 따라 피가 흐르기까지 칼과 창으로 그들의 몸을 상하게 하더라 ²⁹ 이같이 하여 정오가 지났고 그들이 미친 듯이 떠들어 저녁 소제 드릴 때까지 이르렀으나 아무 소리도 없고 응답하는 자나 돌아보는 자가 아무도 없더라

① 엘리야는 지금 몇 명의 우상숭배자들과 대결하고 있는가? 22절 사무엘상 14:6과 연관하여 생각해보라.

- 요나단이 자기의 무기를 든 소년에게 이르되 우리가 이 할례 받지 않은 자들에게로 건너가자 여호와께서 우리를 위하여 일하실까 하노라 여호와의 구원은 사람의 많고 적음에 달리지 아니하였느니라 삼상 14:6

② 바알 선지자들의 제사하는 모습은 어떠했는가? 26, 28절

③ 바알 선지자들은 왜 이런 식으로 제사를 했을지 생각해 보라.

④ 우리의 예배와 찬양에는 이런 우상숭배적인 요소가 없는가? 27절 말씀처럼 하나님이 주무신다고 오해하여 깨우려는 헛된 노력을 하지는 않는가?

🎧 포인트 짚기

잘못된 관계
TV 어느 프로그램에서 어린 아이가 자신의 얼굴을 할퀴고 뒤로 넘어지면서 자해하는 장면을 본적이 있다. 그 아이는 어머니가 자신에게 무관심할 때마다 어떻게 해서든 자신의 존재를 알리고 관심을 끌려고 신호를 보내는 것이다. 그렇게라도 해서 사랑받기 원하는 아동의 심리에서 나온 행동이었다. 처음에는 관심을 끌기 위해서 엄마를 외쳐 불렀을 것이다. 그래도 소용이 없으니까 발을 동동 구르며 울기 시작했을 것이다. "엄마 날 좀 봐요. 난 지금 엄마의 도움이 필요해요. 울고 있다구요." 하지만 엄마는 여전히 아이에게 응답하지 않는다. 아이는 자신의 얼굴을 할퀴고 뒤로 넘어져 자신의 머리를 바닥에 찧으면서 자신의 마음을 알리기 시작한다. 그러자 어머니가 깜짝 놀라 그 아이를 안았을 것이다. 이런 일이 반복되면서 아이는 극단적인 방법이 자신의 뜻을 이루는 효과가 있다는 걸 학습하게 되고 자해를 반복하게 된다. 이런 어머니와 아이의 관계는 건강하지 않고 문제가 있다는 것을 알 수 있다.

은혜를 찬양하라

기독교가 타 종교와 다른 가장 중요한 특징을 한마디로 축약하자면 그것은 바로 "은혜"가 있다는 것이다. 은혜는 공짜로 받는 선물과 같다. 받을 만해서 받는 것이 아니라 받을 수 없음에도 불구하고 주어진 선물이다. 게다가 하나님께서 그 선물을 거부할 수 없을 만큼 큰 선물을 주셨다. 하나님은 우리가 아무리 밀어내려고 해도 거부할 수 없는 크기의 은혜를 가지고 다가오신다. 하나님의 은혜는 우리의 공로와 상관없는 하나님의 주권적 표현이며, 우리에게 항상 좋은 것이다. 그 대표적 선물이 예수님이다. 그분은 본래는 하나님이지만 우리와 같은 인간이 되셨고 그 고난의 십자가를 마다않고 지심으로 그 사랑을 보이셨다. 창조주가 피조물을 너무 사랑하셔서 고난을 스스로 선택하셨다. 그 크신 하나님의 선물, 은혜가 없었다면 인간은 그 누구도 구원에 이를 수 없다. 인간은 구원을 위해서 무엇이 필요한지 하나님께 무엇을 요청해야 하는지 몰랐지만 하나님이 주권적으로 사랑을 베푸셨다. 이것이 바로 은혜다. 하나님이 알려주시지 않고 보여주시지 않으면 우리는 아무것도 할 수 없다.

하나님은 잡신이 아니다

하나님의 큰 은혜를 깨달으면 세상에서 이야기하는 잡신과 우리가 섬기는 거룩한 하나님의 차이는 명확해진다. 잡신은 인과응보가 분명하다. 인간이 어떻게 하는가에 따라 반응하는 신이다. 그래서 수단과 방법을 가리지 않고 잡신에게 관심을 받도록 최선을 다한다. 자기 맘에 들면 칭찬하고 맘에 들지 않으면 벌하는 것이 잡신이다. 그렇기 때문에 인간은 잡신이 뭘 좋아하는지 어떻게 관심을 끌지 방법을 궁리하면서 일평생을 전전긍긍하며 살게 된다. 뿐만 아니라, 인간이 어떻게 하는가에 따라 결과가 달라지고 그 모든 결과의 책임은 인간에게 돌아간다. 바알과 아세라를 섬기는 선지자들이 어떠했는가? 바알과 아세라에게 잘 보이려고 자신의 몸을 상하게 하는 일도 마다하지 않았다.

2. 하나님을 향한 참된 예배

🎧 잡음 걸러내기

• 우리가 예배하는 하나님은 어떤 분인가?

• 내가 드리는 예배를 하나님이 왜 받으셔야 하는가?

🎧 성경으로 점검하기

* 왕상 18:30-39을 읽고 질문에 답하라.

> ³⁰ 엘리야가 모든 백성을 향하여 이르되 내게로 가까이 오라 백성이 다 그에게 가까이 오매 저가 무너진 여호와의 단을 수축하되 ³¹ 야곱의 아들들의 지파의 수효를 따라 엘리야가 돌 열두 개를 취하니 이 야곱은 옛적에 여호와의 임하여 이르시기를 네 이름을 이스라엘이라 하리라 하신 자더라 ³² 그가 여호와의 이름을 의지하여 그 돌로 제단을 쌓고 제단을 돌아가며 곡식 종자 두 세아를 둘 만한 도랑을 만들고 ³³ 또 나무를 벌이고 송아지의 각을 떠서 나무 위에 놓고 이르되 통 넷에 물을 채워다가 번제물과 나

무 위에 부으라 하고 ³¹ 또 이르되 다시 그리하라 하여 다시 그리하니 또 이르되 세 번째로 그리하라 하여 세 번째로 그리하니 ³⁵ 물이 제단으로 두루 흐르고 도랑에도 물이 가득 찼더라 ³⁶ 저녁 소제 드릴 때에 이르러 선지자 엘리야가 나아가서 말하되 아브라함과 이삭과 이스라엘의 하나님 여호와여 주께서 이스라엘 중에서 하나님이신 것과 내가 주의 종인 것과 내가 주의 말씀대로 이 모든 일을 행하는 것을 오늘 알게 하옵소서 ³⁷ 여호와여 내게 응답하옵소서 내게 응답하옵소서 이 백성에게 주 여호와는 하나님이신 것과 주는 그들의 마음을 되돌이키심을 알게 하옵소서 하매 ³⁸ 이에 여호와의 불이 내려서 번제물과 나무와 돌과 흙을 태우고 또 도랑의 물을 핥은지라 ³⁹ 모든 백성이 보고 엎드려 말하되 여호와 그는 하나님이시로다 여호와 그는 하나님이시로다 하니

① 엘리야는 예배를 위해 가장 먼저 한 일은 무엇인가? 30절 예배자의 올바른 태도에 대해 생각해 보라.

② 엘리야의 기도 내용은 무엇인가? 36, 37절

③ 엘리야의 예배와 바알 선지자 제사의 차이점을 모두 찾아보라.

④ 하나님은 왜 엘리야의 예배를 받으셨을까 생각해 보라.

🎧 포인트 짚기

단순하지만 능력있는 고백

예배는 가장 가치있는 절대자(창조자)에게 그 분의 가치를 인정하는 피조물의 행위다. 엘리야는 예배를 위해 무너진 여호와의 단을 다시 쌓는 것으로 시작한다. 단을 쌓을 때도 여호와의 이름을 의지한다32절. 불을 내리기 위해 서둘러 하나님 앞에 나아가지 않는다. 급한 마음으로 소리치거나 자신이 원하는 바를 다급하게 하나님께 쏟아놓지 않는다. 주변에 있는 이스라엘 백성과 바알 선지자들은 아마도 시간을 끌어 위기를 모면하려는 거라고 조롱했을지 모른다. 뛰돌며 큰 소리로 외치고 자신들의 몸을 상하게 해도 응답이 없었는데, 그렇게 단을 쌓고 있는 모습이 한심해 보였을지도 모른다. 하지만 엘리야는 묵묵히 단을 쌓는다. 드디어 저녁 소제를 드릴 때가 되었다. 그는 담대하고 단호한 믿음을 선포한다. "여호와는 이스라엘의 하나님이십니다. 응답해주십시오. 주 여호와가 하나님이심을 백성이 알게 해 주십시오." 엘리야는 자신이 할 수 있는 일은 아무것도 없다는 것을 알았다. 그의 선포 속에는 하나님의 하나님 되심을 스스로 드러내주시길 바라는 단순한 믿음의 고백뿐이었다. 이 얼마나 멋있는 장면인가? 하나님은 엘리야의 고백에 반응하셨다. 엘리야가 하나님께 잘 보이려고 애쓴 것에 대한 반응이 아니라, 하나님의 하나님 되심을 스스로 증명하신 것이다. 하나님 되심을 보이신 그 불이 얼마나 강했는지 도랑의 물이 다 말라버릴 정도였다. 마치 바알 선지자와 이스라엘 백성을 향해서 "하나님은 너희가 아는 잡신과는 차원이 다른 분이다"라는 것을 증명하는 것 같다. 우리의 예배와 찬양은 어떠한가?

스스로 일하시는 하나님

엘리야가 하나님께 잘 보이기 위해 한 일이 있는가? 엘리야가 하나님께 잘 보인 댓가로 불을 내려 주신 것일까? 그렇지 않다. 예배자는 믿음의 사람이지만 그의 믿음이 불을 내리도록 하나님을 조종하는 것은 아니다. 하나님은 스스로 일하시는 분이다. 우리는 자주 38절의 "이에"라는 단어에 힘을 준다. 그리고 엘리야의 능력을 강조하려고 한다. 엘리야가 기도했더니 그렇게 되었다고 말하고 싶은 것이다. 아무리 위대한 종 엘리야일지라도 불을 내리게 할 능력이 없다. 하나님께만 능력이 있다.

예배할 때마다 우리는 "내가 주의 말씀대로 이 모든 것을 행하는 것을 알게 하옵소서"라는 말씀을 마음에 깊이 새겨야 한다. 우리 때문에 일하시는 하나님이 아니라 우리를 통해서 일하시는 하나님을 발견해야 한다. 아무리 큰 소리로 하나님을 찬양할지라도 그 순간 스스로 일하고 계시는 하나님을 인정하지 않으면 우리는 그저 큰 함성을 질렀던 바알 선지자와 다를 바 없는 예배를 드리는 것이다.

스스로 존귀하신 하나님

또한 하나님은 스스로 존귀케 되시는 분이다. 엘리야는 잡신이 아니신 거룩한 하나님을 잘 알았다. 하나님께서 하나님 되시도록 불을 내리실 것을 믿었다. 우리에게 요구하시는 것은 믿음을 갖고 예배자로서 그 자리에 서 있는 것이다. 우리의 찬양이 하나님을 아는 지식으로부터 출발해야 하는 이유가 여기에 있다. 하나님은 우리의 열정에 속는 분이 아니다. 우리의 환호나 박수나 춤에 현혹되지 않으신다. 하나님은 잡신이 아니시기 때문이다. 하나님은 우리의 중심을 보시며 진심으로 하나님을 의지하는지를 살피신다. 바알과 아세라 선지자에 비하여 정말 볼품없는 단순한 선포 한 마디였지만 믿음의 그 한마디에 하나님은 주권적으로 역사하셨다. "하나님의 하나님 되심을 보여주소서!' 우리의 찬양에 절대로 빠져서는 안되는 내용이 바로 이것이다. 하나님의 존귀하심을 드러내시도록 겸손하게 예배해야 한다.

🎧 찬양의 동기를 점검하기

① 나는 하나님과 올바른 관계를 맺고 있는가? 그 올바른 관계 속에서 찬양하는가?

② 하나님께서 받으실 만한 향기로운 찬양은 무엇이라고 생각하는가?

🎧 깨끗한 찬양을 위한 나의 결단! (깨달은 점 정리)

_____

_____

_____

_____

묵상공간

사명선언문

너희가 흠이 없고 순전하여……세상에서 그들 가운데 빛들로
나타내며 생명의 말씀을 밝혀 _ 빌 2:15-16

1. 생명을 담겠습니다
만드는 책에 주님 주신 생명을 담겠습니다.
그 책으로 복음을 선포하겠습니다.

2. 말씀을 밝히겠습니다
생명의 근본은 말씀입니다.
말씀을 밝혀 성도와 교회의 성장을 돕겠습니다.

3. 빛이 되겠습니다
시대와 영혼의 어두움을 밝혀 주님 앞으로 이끄는
빛이 되는 책을 만들겠습니다.

4. 순전히 행하겠습니다
책을 만들고 전하는 일과 경영하는 일에 부끄러움이 없는
정직함으로 행하겠습니다.

5. 끝까지 전파하겠습니다
모든 사람에게, 땅 끝까지, 주님 오시는 그날까지
복음을 전하는 사명을 다하겠습니다.

서점 안내

광화문점 서울시 종로구 새문안로 69 구세군회관 1층
02)737-2288 / 02)737-4623(F)

강남점 서울시 서초구 신반포로 177 반포쇼핑타운 3동 2층
02)595-1211 / 02)595-3549(F)

구로점 서울시 동작구 시흥대로 602, 3층 302호
02)858-8744 / 02)838-0653(F)

노원점 서울시 노원구 동일로 1366 삼봉빌딩 지하 1층
02)938-7979 / 02)3391-6169(F)

일산점 경기도 고양시 일산서구 중앙로 1391 레이크타운 지하 1층
031)916-8787 / 031)916-8788(F)

의정부점 경기도 의정부시 청사로47번길 12 성산타워 3층
031)845-0600 / 031)852-6930(F)

인터넷서점 www.lifebook.co.kr